キリストへの道

岩島忠彦

女子パウロ会

たとも思うのである。ある意味、本書は一本道のようにして歩んできた自分の歩みを集大成している。第一部「随想」はこの二年足らずに自分のホームページに書いてきた、時々の想いである。第二部「説教」も、日曜日に四ツ谷でしてきたミサ中の説教である。第三部「講話」は、すでに二十数年前に教会でお話ししたことのテープ起こしが元となっている。ここでは中心的秘跡として、洗礼、ゆるし、聖体の三つを集録した。由来は違え、これらすべては自分がここまで歩んできたカトリック信仰を指し示している。だから本書の標題を『キリストへの道』とすることとした。信者であれ、一般の方であれ、読者一人ひとりの方にとっても、キリストへの道、神への道となればとの願いが込められている。

本書は女子パウロ会のシスター方の全面的ご尽力によって生まれた。

主の公現の祭日に　　岩島忠彦

もくじ

キリストへの道

もくじ

キリストへの道

はじめに……1

第一部　随想　――日々に想うこと――

二つの命を生きる……10

五島という場所……14
神々と神……18
いつくしみの特別聖年……22
一粒の麦……26
「霊性」（スピリチュアリティ）について……29
夏休み……33
少年時代……36
祝福……41
「からだの復活を信じます」（使徒信条）……45
イエズス会復興二百年……49
時の節目――新年によせて――……53
司祭……57

第二部　説教　──　聖書は何を語るか　──

真の平和……62
聖夜……66
カナと人生……72
高い山と深い谷……77
キリストの受難……81
良い羊飼いは誰か……87
キリスト者の道……91
三位一体の神……95
嵐を鎮めるキリスト……99
パンの奇跡……103

叩け、探せ、求めよ！……108
あなたがたも去って行きたいのか……113
末席に座りなさい……117
王であるキリスト……121

第三部　講話 ―― 愛に包まれた人生 ――

キリスト者であること――洗礼と堅信……128
1　イエス・キリストの出来事　128
2　誰がこの愛を受けとめるのか　147
3　洗礼とは何か　156
4　堅信とは　167

神の愛と罪――ゆるしの秘跡……174
1　福音の核心としての神の愛と赦《ゆる》し　174
2　経験から知る罪　191
3　何が罪なのか―大罪と小罪　200
4　ゆるしの秘跡について　208
キリストの形見――聖体の秘跡……212
1　別れの晩餐《ばんさん》――「現場」に立つ　213
2　「私の記念としてこれを行いなさい」　231
3　ミサの構造をみる　242
4　聖体と共に生きる　246

ブックデザイン・森　木の実

第一部

随　想

―日々に想うこと―

二つの命を生きる

この三十年余、カトリック入門講座を東京四ツ谷で毎年開講している。そこで常々言っていることがある。人は二つの命を生きる、ということである。一つは「この世の命」、もう一つは「永遠の命」である。

若いころから司祭への道を歩み続けて、今や七十二歳になっている。いくら寿命が延びたとはいえ、活動ができるのはせいぜい十年くらいだろうか。この世の命の長さも、あと二十年ほどか。多く残されていない余命と考えても、相変わらずしゃばっ気は抜けない。

入門講座の後で、近くのファミレスで参加者と雑談する。昨日も若い人たちが一緒で、「好きな女優といえば、原節子とか香川京子なんかですか？」と訊《き》かれて、ずいぶんと年寄り扱いされるようになったものだと思った。「そんなのは父親の世代のものだ、最近気になるのは広瀬すずとか有村架純といったところかな」と言うと呆れられた。

人間、この世に生きている限り一生懸命「この世」に関心を持ち、「この世」と取り組む。テレビ俳優のことだけではない。自分が長年関わってきたキリスト教神学についても、少しでも理解を深めようと思う。今年次々と開催された、ボッティチェリ展、ダヴィンチ展、カラヴァッジョ展もじっくりと観《み》た。「それが何のためになるのか」と訊かれても分からない。でも、生きるということは、この世にあって「いいな」と思うものに向かい合うことだと思う。この世の事柄や周りの人々としっかり向き合い、自分のなすべきことをする――それが生きるということだろう。

それでも私たちのこの世の命は、過ぎてみると短い。キリスト教の歴史は二千年、文明の歴史は数千年、ネアンデルタール人や北京原人からは十万年ほど――こんなスケールにおいて見ると、私たちの命は歴史の流れの中で一瞬現れて消える泡ほどのものである。それでも一生懸命生きようとする。死ぬその日まで。

この百年そこそこの「この世の命」は、誰が「受け取る」のだろうか？　どれほどはかない命であっても、自分にとってはかけがえのない命である。幼少時より死に至るまで積み上げてきたほかならない唯一の大切な命である。この私の命、誰が受け止めてくれるのか？　配偶者か、子供か孫か、親友か。彼らの記憶に残る私は、私の命のごくごく一部であろう。それでは私丸ごと受け止めてくれるのは誰か？　すぐに思いつくのは、「誰もいない」という答えだ。そうするとどうなる。私が積み上げた一生は宙に浮く。と言うより、無意味というレッテルを貼って廃棄されることになる。それでいいのか。いいはずがない。こうしたことが不条理というものである。道理に合わない――意味を成さない。

キリスト教の洗礼を受ける人は、「新たに神の子として生まれる」とか「永遠の命を生き始める」といわれる。それは死なない命、死線を越えて生きる命である。それは死んでから始まるのではない。生きている中で自分の永遠の命が始まるのである。今生きているこの世の命が否定されるのではない。それどころか、この世の命が私の永遠の命の形を決定するのである。これを「からだの復活を信じます」という信仰告白が示している。この世で人は体を通してのみ生きている。精神ではなく体の復活、つまり永遠の生命は体を伴ったものとされている。それは、言い換えると、この世で生きた私の生が丸ごと永遠化されるということなのだろう。そこに「私」のすべてがあるのだから。そうであれば、死ぬ日まで、人はこの世の生にしっかり向かい合い、子や孫を愛し、気遣い続けることにも意味がある。それらすべてが、永遠の命の質を決定するからだ。

こうした考察の根幹は次の一点に集約される。神を信じるか信じないか、である。今の人間は、さしあたり自分と周りの世界との関係で、日々の命を紡いでいる。私とこの世。それ以外に何か考えるべきものがあるか。その他に考えることができるとしたら、神のみである。その他のものは結局この世の何かである。神のみがこの世のすべてを越えた存在。

そしてこの世のすべて、つまり私の命をも丸ごと引き受けてくれる存在である。だから昔から「神は全知・全能・全善」と言われてきたのである。そのような神を信じるのか。信じないとするなら、人はまた自分とこの世だけに取り残される。それは不条理である。信じるとすれば、私とこの世とのすべての関わりは、永遠の価値を獲得する。神を信じるという立場だけが、「すべて」を無意味から救い上げる。

人は二つの命を生きている。しかもすでに「この世」において、「永遠の命」を生き始めているのである。

五島という場所

聖イグナチオ教会の信者さんたちと、長崎・五島列島へ三泊四日の巡礼旅行に行った。長崎では二十六聖人記念館や大浦天主堂などを見学し、翌日早朝から五島列島へ向かい上五島から下五島と巡って、二十ほどの教会をまわった。多くの教会は明治後期から大正にかけて建立されたもので、煉瓦《れんが》や五島石を積み上げた外観、内部は木造である。特徴的なものは聖堂内のアーチとステンドグラスである。内部はヨーロッパの大聖堂を模して三層に分かれ、ゴチックのように柱から天井へとアーチが延びている。このアーチが木造であり、教会全体も小さいため、「かわいい」というのが率直な印象である。この「かわいさ」をさらに膨らますのが両サイドのステンドグラスである。これまた大聖堂のもののような凝った造りではないが、素朴でしかも丁寧に造られている。ほとんどが椿を図柄としており、五島列島に多い五弁の椿なのだが、窓では四つの花弁で図形化されていた。十字架の形と重ね合わせているのかもしれない。

これらの教会の多くは鉄川与助という人の設計によるそうだ。パリ外国宣教会のド・ロ神父がヨーロッパの聖堂の設計図を彼に示し、そこから五島独自の教会群を生み出していったのである。彼自身は生涯仏教徒だったそうである。それより印象的だったのは、実際に建築に携わったのが現地の信者たちだったということである。小学生も毎日遠くから、たとえば小一は煉瓦一つ、小二は二つと現場に運び、大人はずっと自分たちの「祈りの家」を建てることに日中を費やし、自分たちの家のことは二の次にしたそうである。彼らは家で食べるものを得るため、夜になってから釣り糸を垂れたという。これらの教会を巡って感じたのは、どこの聖堂でも脇祭壇に飾ってある生け花が立派で美しいことだった。ガイドの説明によれば、それぞれが「花当番」になった時に恥ずかしくないように、自宅に普段から花を栽培しているとのことであった。

こうした五島の教会を巡ると、日本でのキリスト教の原点に触れる思いがしたのだが、さらにその原点には「殉教の地」という事実がある。福江島の北端に堂崎教会がある。先に述べた諸教会の特徴を持つ一つだが、その境内には見上げるような十字架に付けられた男の像があった。「聖ヨハネ五島殉教像」である。長崎の西坂において二十六聖人が殉教したのは、一五九七年、つまり秀吉が「禁教令」を発した翌年であり、日本における初めての殉教者たちであると言えよう。そしてヨハネ五島は彼らの一人であり、唯一の五島出身の者だったわけである。今回もう一つ印象深かったところがある。「牢屋の窄《さこ》記念教会」である。これは明治元年の出来事である。この地方の二百人ほどのキリシタンが捕らえられた。彼らは老若男女、乳飲み子もいた。彼ら二百人は十二畳の空間に八カ月監禁され拷問を受けた。その場所に記念聖堂が設けられた。中に入ってみるとそこには祭壇以外ほとんど何もない。ただ、中央に十二畳分のカーペットが敷かれている。それが二百人に与えられた空間だったことを物語っている。この近くに昭和期に新聖堂が建てられた。その聖堂の外には、この時死去した四十二名の名前を記した石碑が建てられており、一人ひとり丁寧に祀《まつ》られている。この石版群を目の前にした時の想いはうまく言葉にできない。

私たちはこうした教会を幾つも巡っていった。後半になると、だんだん見物という感覚がなくなり、聖堂に入ると自然皆が祭壇に向かって静かに祈るようになっていた。

長崎、とりわけ五島列島は日本のキリスト教信仰の原点であることは間違いない。フランシスコ・ザビエル渡来以来、キリスト教を受け継ぎ、さらには「カクレ」として信仰を受け継ぎ、明治初期に再び激しい迫害を受け、そこからもう一度信教の自由を獲得し、彼らの多くは長崎を中心としてカトリック教会の中核を形成した。五島列島はそのような信仰の原点を膚《はだ》で感じ取らせてくれる場所である。

数日後、一緒に行った男性の一人に会った。熱心で社会福祉に身を入れている信者で、昔からよく協力してもらっている。「この間の巡礼旅行はどうだった？」と訊くと、「自分の信仰はまだまだ生ぬるいと感じました」と答えた。

神々と神

　アルタミラの洞窟に、獣が描かれ、その横に人の手が書かれている。これは原始人が狩猟をしており、獲物を捕らえたいという願いが定着したものである。この人の「願い」は呪術的意味に解され、人の強い思いが祈りの形を取っている、というのである。言いたいことは宗教は人の歴史の中で最も原初的なものであるということである。どの民族の歴史においても酒と宗教は同じくらい古い。

　それはやがて神話として定着し、神々と人との関わりが展開する。ギリシア・ローマ神話然《しか》り、古事記然りである。どうも多神教の方が、一神教よりも古いように思われる。日本では八百万《やおよろず》の神が存在し、ギリシア神話では、ゼウスを頂点とする神々のピラミッドが構成されている（パンテオン）。

　日本の場合、神の語源は相当に曖昧である。辞書によると、①カミ（上にあって尊ぶ）、②上身（人の上にあるもの）、③天照大神《あまてらすおおみかみ》のカガミ（鏡）、④明らかに照らす→アカミ

(明見)、⑤カシコミオソル等々——かなりバラバラで出自が明確でない。『日本国語大辞典』（小学館）によると、「神」を次のように定義している。「宗教的、民族的信仰の対象。世に禍福をもたらし、人に加護や罰を与える霊威。古代人が、天地万物に宿り、それを支配していると考えた存在。自然物や自然現象に神秘的力を認めて畏怖し、信仰の対象としたもの」。これまた「定義」とは言えず、諸要素を叙述している感がある。

そんな中でなるほどと感じたのは、ギリシア語についての話である。ギリシア語で神はテオス（theos）である。最も初期のギリシア語でテオス（theos）は、次の特徴を持つそうだ。①呼格を持っていなかった、②述語として用いられたというのである。これをもう少し簡単に言えば、初期ギリシア語で「神」は、名詞として用いられず、いわば形容詞的に使われていた、ということになる。するとどうなるのか。「この景色はテオス（theos）である」とか「この木はテオス（theos）である」といった使い方になる。するとここで「神」は、「神々しい」とか「神秘的」といった言葉に近い。さらにその言葉は人間の原体験に根ざしているということになる。このように考えると、宗教や信心の発端も理解しやすい。通常経験の中で人は時として「神」を経験する。するとその場やモノが神的なものとされる。これは古今東西を問わず、どこにでも見られる現象である。鳥や動物が神的礼拝の対象となる場合もあれば、特定の場所が神域とされたり、ご神木が崇《あが》められる場合もある。こうなると日本の場合、たいていの宗教的施設、具体的には神社仏閣が特別の場所と見なされ、ふだん不信心な者もそうした場では手を合わせ、祈ることに抵抗がないのもうなずける。

そうすると人がさまざまな場所やモノにおいて「神的」な経験をするとすれば、それは「神」を経験する場が複数であるということにもなる。つまり経験上は「多神教」の方が自然であると言えるのではないか。そこに「一神教」を打ち出し、強い人格神のラインを敷いたのが、ユダヤ教であり、そこから派生したキリスト教およびイスラム教である。すべてを統べ治める神が複数存在すること自体が矛盾であり、絶対的存在者は唯一であると主張する。こうして宗教史の中では、多神教は宗教の中でより原始的形態、一神教がより洗練された形態と見なされるのが一般的である。このような評価は基本的には正しい。しかし多神教的発想が持つ人間の経験への近さには捨てがたいものがある。神は超越存在であり、人をも含むこの世の中には聖なるものは何一つないとするなら、やがて人は超越者である神自身を自己の関心から閉め出すことにもなりかねない。一時「世俗化」という考えが哲学・神学の世界でキーワードとなった。この風潮は一時的で、やがてこの世俗礼賛の風潮は消えていった。

この世のものや出来事の中で、「神」を感じ取ることがなければ、人にとって宗教心が芽生えることはないだろう。そのためには「多神教」の示す豊かな世界を再評価すべきではないだろうか。「一神教」と「多神教」の関係——これはインカルチュレーションの課題である。日本における神道や仏教の伝統はこうした神的経験の遺産を、長年にわたって積み上げてきた。筆者はカトリック司祭であるが、このような遺産を共有することが、日本のキリスト教にとって大切なことではないかと思う。

いつくしみの特別聖年

教皇フランシスコは、今年を「いつくしみの特別聖年」として全世界の教会で特に心に留めるように呼びかけました。「聖年」という言葉はよく聞きますが、あらためて「どういうこと?」と考えるとはっきりしません。今回、調べてみました。第一回聖年は一三〇〇年、ボニファチウス八世によって開かれました。第二回は一三五〇年、以降例外もありながらも原則二十五年に一度開かれているようです。外的な行事としては、バチカンの普段は閉じられている扉が開かれて、人が出入りできるようになる。神さまと人がよりいっそう強い絆で結ばれることを象徴しているのでしょう。前回の聖年は二〇〇〇年で、その機会に教皇ヨハネ・パウロ二世は、教会の過去の過ちについて謝罪し、「教会の過去を清算し、歴史を清めたい」との意向を示しました。今年が特別聖年とされたのは、二十五年という区切りでない年であるからでしょう。教皇には、今の時代が結構、さまざまな意味で危機に瀕《ひん》して、悠長に待っていられないという意識があったのではないでしょうか。そしてそれを救いうるのが神の慈しみのみであると考えたのだと思います。
この聖年のための祈りを教皇は提示しました。少々長いですが、その一部を引用します。

「主イエス・キリスト、あなたは、わたしたちが天の御父のようにいつくしみ深い者となるよう教え、あなたを見る者は御父を見る、と仰せになりました。み顔を示してくださればわたしたちは救われます。あなたの愛に満ちたまなざしによって、ザアカイとマタイは富への執着から解き放たれ、姦通の女とマグダラのマリアは、この世のものだけに幸せを求めることから解放されました。ペトロはあなたを裏切った後に涙を流し、悔い改めた盗人には楽園が約束されました。あなたはサマリアの女に、『もしあなたが神のたまものを知っていたなら』と語られました。このことばを、わたしたち一人ひとりに向けられたことばとして聞かせてください。」

ザアカイやマグダラのマリア、あるいはペトロといった聖書でおなじみの登場人物はすべてキリストに触れることを通して、それまでの自分の生き方を変えていったということに気づきます。神の慈しみに触れた時、誰もが改心し、新しい生き方へと移り変わっているのです。今の世界に生きている私たちも全く変わらないのだということを、つくづく感じます。「もしあなたが神のたまものを知っていたなら」――この言葉を今日自分に向けられたものとして、今新たに慈しみの神に自分を委ねましょう。

私は四ツ谷の聖イグナチオ教会で信仰入門講座をしています。キリストの福音は神さまからの私たちに対して話しています。そこでこんな話をしました。それを真剣に受け止め、このプロポーズに応えることが、洗礼を受けキリスト者となることであると。このプロポーズの言葉に最もふさわしい福音箇所はどこでしょうか。私は次の言葉を選びました。「すべて重荷を負って苦労している者は、わたしのもとにきなさい。あなたがたを休ませてあげよう。わたしは柔和で心のへりくだった者であるから、わたしの軛《くびき》を負って、わたしに学びなさい。そうすれば、あなたがたの魂に休みが与えられるであろう。わたしの軛は負いやすく、わたしの荷は軽いからである」（マタイ11・28－30）。

信者になる者は、自分の生活環境や生きる心構えを改める必要があります。これを回心といいます。そこにはそこなりの「軛」や「荷」があります。しかし私たちの生の重荷は解消され、安らかな心をもって歩むことができます。これがキリストを通しての私たちへのプロポーズです。

「あなたがたは、実に、そうするようにと召されたのである。キリストも、あなたがたのために苦しみを受け、御足の跡を踏み従うようにと、模範を残されたのである」（一ペトロ2・21）。この「いつくしみの特別聖年」の一年間、キリストと共にこの世が与えることのできない、神の深い安らぎと喜びに日々触れていきたいものです。

一粒の麦

「一粒の麦が地に落ちて死ななければ、それはただ一粒のままである。しかし、もし死んだなら、豊かに実を結ぶようになる」(ヨハネ12・24)。

富士山麓、裾野という場所に神山復生《こうやまふくせい》病院がある。今はハンセン病患者が減り、その大部分は老人施設となっている。今から五十年あまり前、私はイエズス会に入会した。修道会に入会すると、最初の時期は修練期と呼ばれ、あまり出まわらず修行に打ち込む。「実習」と称し、しばらく家を空けることがある。この「実習」の一つが神山復生病院であった。二カ月ほどの間、病院で朝から夕方まで病棟の雑巾がけをしたり、患者さんを見舞ったり、視力を失った方に本を読んだりして過ごした。

この病院の婦長(現在の師長)は、井深八重《いぶかやえ》さんという人だった。私は「実習」の間、この人と毎日のように顔を合わしたわけだが、多くの印象をもっていない。太り気味の親切そうなおばさんで口数は少ない、といったところか。そんなわけで、当時の私はこの井深さんが有名な人物であることを全く知らずにいた。この井深さんについて後で知ったことを書く。

神山復生病院は、パリ外国宣教会の司祭によって明治時代から開設された。私が滞在したときも、フランス人プラマティ神父が責任者だった。六代目病院長は有名な岩下壮一神父で、施設の充実に大きく貢献した。

井深八重（一八九七－一九八九）は、父親を衆議院議員に持つ名家の子女であった。同志社大学を経て、長崎高等女学校の英語教師となった。当時の女性で大学に進学した人は数少なかっただろう。エリート中のエリートといったところだろう。一九一九年（大正八年）、彼女が二十二歳のときに、ハンセン病と診断され、復生病院に入所した。患者の人たちは、親族との縁故を断ち、たいていは別の名前をつけた。井深さんも、堀清子と名乗ったそうである。入所してから三年たったとき、彼女はハンセン病ではないということが判明した。その時点で当然病院を一時も早く去るべきであった。しかし当時の院長レゼー神父にあった彼女は、彼に「ここに留まらせてください」と願った。それ以来、彼女は長年婦長として病院に留まり、九十一歳という長寿を全うし、一九八九年（平成元年）に永眠した。彼女は復生病院の墓地に葬られた――カタリナ井深八重之墓。その墓碑銘には自筆で「一粒の麦」と彫られている。

井深八重についてネットなどでも多くのことが書かれているが、病院に留まってからのことについてはほとんど触れられていない。その間、ナイチンゲール賞を初め、数多くの受賞の経歴が記されているが、五十年あまり前に私が日々目にした井深さんは、そんな華やかなものとは無縁の中年のおばさんであった。

「今、この時の流れを顧みて、私がこの道をひとすじに進み得たことは、無論院長レゼー翁の偉大な人格とその指導に依るものではあるが、これを受け入れる基盤となったものは、まず何よりも母校の創立者新島先生の息吹のかかるキリスト教的雰囲気の中で学び得たことに依るものと信ずるのである。母校から頂いた眼に見えないたまものこそ、私の今日までの生涯を力強く支え続けた原動力に他ならないことを確信して、ただ感謝のほかないのである」(http://www.dwc.doshisha.ac.jp/yae/column/130116.html)。

「この道ひとすじ」。自分の人生を顧みて、明確な一筋の道と思えたこの人は幸せであると思う。人の幸せというものは、生活の安定や豊かさ、あるいは名をなし世間に知られることといったことより、もっと奥にある何事かなのであろう。

「霊性」（スピリチュアリティ）について

今月、日本カトリック神学会の第二十七回学術大会が二日にわたって開かれた。設立のころから関わってきたので、改めてこの「第二十七回」という積み重ねに感慨深いものがある。会員の数も増え、司祭・修道者・カトリック信徒など、具体的にはカトリック大学やミッション校の教員やシスター、神父など、二百名を越えている。

今年は「キリスト者の霊性」が総合テーマであった。霊性――「スピリチュアル」「スピリチュアリティ」という言葉は昨今いろいろなやや漠然とした意味で用いられている。しかし本来キリスト教の長い歴史によって培われてきた考え方である。さまざまな「霊性」の流れがある。研究発表でも、カルメル会の霊性、フランシスコ会の霊性、ドミニコ会の霊性、イエズス会の霊性などがテーマ化されていた。

「霊性」とは、いわばキリスト者がいかにして神と関わるか、さらには神に触れるのか、その道筋を説くものである。私が所属しているイエズス会の霊性は、聖イグナチオが残した黙想書『霊操』に集約されている。そのいちばん初めに次のように書いてある。「霊操は、……糾明、黙想、観想、口祷、念祷、その他の霊的働きをするあらゆる方法を指している。これが霊操と言われるのは、散歩したり、歩いたり、駆けたりするのが体操であるように、霊魂を準備し、整えるあらゆる方法だからである」（霊操番号1）。

人には心と体がそなわっている。体について人は敏感である。しかし心については、ほったらかしの場合が多い。とっちらかっている、と言ってもよい。だからある程度このような心のケアをするということである。人の心を科学するのは心理学である。そこでは、人の心にある普遍的な法則を研究する。しかし、霊性はこれとは全然異なる。心理学は人の心理の一般的原理を追求する。霊性は「自分の心」を見つめる。一般論ではなく、いわば実存的である。それを見つめるとき、人の中にさまざまな次元でさまざまな（場合によって相互に矛盾する）心の動きを見る。これを「霊動」と呼ぶ。『霊操』には「霊動弁別の規則」（313－336）が書かれている。人の中に起こる霊動のあるものは人を「悪しきもの」へと誘い、あるものは「善きもの、より高いもの」へと向かわせる。こうした霊動を自分で識別するべきであるとする。

その際、その人の根本的心の色合いとでも言えるものが大切である。これをイグナチオは「慰め」（コンソラチオ consolatio）と「すさみ」（デソラチオ desolatio）と呼んでいる（316－318）。慰めにおいては、人の心は静けさと平和を味わう。すさみにおいては、人の心は混乱し、不信、誘惑、怠惰、無気力、悲しみなどに支配される。慰めとすさみは、必ずしも当人の責任であるとは限らず、人は両方の心理状態をその時々において経験するのである。イグナチオは言う、「すさみのときには、決して変更してはならない」（318）。つまり慰めのときには、自分の内に善き霊動が働いているので、物事を決断するならそのような時である。すさみの時のさまざまな霊動は悪しき霊動であるから、それに惑わされず、よい時にした決心を変更してはならない、と言うのである。要するに人の中には善い心の動き、悪への動き、得体の知れない不純な動き、破壊的な動きなどさまざまな動きがあり、そのすべてに動かされては人間バラバラになってしまうのであり、善い心の促しのみを識別し、これのみに従っていくようにと言っているのである。

霊性はキリスト者がどのようにして神に関わるのか、神への道はどう求めるのか、を追求する。キリスト教霊性の基本とされているのは、浄《きよ》めの道・照らしの道・一致の道の三段階である。その目指すところは、神との一致であるが、その出発点は必ず自己を見つめることである。自分の罪深さや不完全性をしっかり認識し、正直にそれを認めることである。そのような最初の一歩があって、初めて神ご自身がその人に近づける。このように霊性が最終的に求めるのは神さまの恵みである。しかしありのままの自分から出発しない

（つまり他人事《ひとごと》として考えている）なら、決してこの神への道は始まらない。

キリスト教は古代以来、さまざまな霊性の歴史を刻んできた。中世までは、どのような思想を持つにしても、神を前提とした世界観の中で動いてきた。近世以降、合理主義精神が人の心を占領し、その結果、神を閉め出した世界観、人間とこの世だけで構成する世界観が前面に出てきた。その結果、人の人生観は、現世的となり、この世のものを超える存在は端《はな》から計算しないような生き方が主流となってきた。しかし、このような、いわば「唯物的」人生観は、人が最も大切と思うこと、命・愛・友情・自由、滅びないものなどについて何も語らない。つまり現代人にとっても、神抜きの世界観は息苦しい。D・ゼレの言い方で言えば、「人間にはサイズが一つ小さい」世界観である。

この世と私との循環のみの「閉じられた世界」。この世界観に、神に（超越に）開かれた小窓を作ろう。人は祈り、願い、望み、愛してこそ人である。さまざまな霊性は、そのことを教えてくれる。

夏休み

皆さんはヨゼフ・ピーパーという名前を聞いたことがあるだろうか。私がドイツのミュンスターで神学を学んでいたころ、同じ町の湖の反対側に住んでいた哲学者である。彼は五十年以上前に『余暇と祝祭』という書を出しており、日本語にも翻訳されている（講談社学術文庫）。以下、彼の余暇、つまりレジャーについての考えを紹介しよう（以下、主にd.hatena.ne.jp/loisil-space/20070818/p1を参照した）。

ピーパーは、まず現代社会が、労働に過大評価を与えているというところから出発する。今日、労働という概念が人の生活の全領域を占めており、その価値観の周りを巡って休暇なども意味づけられる。たとえば哲学の営みといったものさえも、精神的労働として位置づけられる。われわれにピンとくる言い方に変えれば「仕事第一」と言ってもよい。しかしこのような位置づけは、近世以降のものであり、古代や中世において、労働と余暇は真《ま》逆《ぎゃく》の価値を持っていた。たとえば、中世のスコラ学は、ギリシア語のスコレー（暇）に由来し、精神活動や自己充実にあてることのできる積極的な意味をもった時間、また、個人が自由または主体的に使うことをゆるされた時間のことである（ウィキペディア参照）。つまり余暇は人間の個とその自由を展開できる本来の場であり、労働は他から強いられて自主性を失った状態ということになる。

労働を主軸とする価値観を持つ現代では、「余暇」はさしあたり「怠惰」と同義になる。しかし元来、現実との（労働とは）別の関わり方を、余暇は示している。効率や結果を目指して行動する労働と異なり、別の形で現実と関わる——それこそ、人間らしい、人間本来の姿であるというのである。

ピーパーは、そのような人間のあり方の典型として「祝祭」をあげる。「礼拝に根ざす祝祭」、そこに「余暇」の原点がある。キリスト教で言えば、さしあたり「ミサ」であろう。日本各地に固有のさまざまな「祭り」もそうであろう。そうしたものが、「人間が、何物にもおびやかされることなく、真実に人間的に生きることのできる空間」であるというのである。ピーパーは、ますます人が作り出す、人為的価値のみが重要視される時代が到来することを見越して、このような著作をしたように思われる。そういえば、チャップリンの『モダン・タイムス』では、歯車の間で働いている労働者が、やがて歯車の中に吸い込まれていく様が、コミカルに描かれている。根に似たような時代批判があるように思う。

生産性を第一にする現代世界では、彼らの予告した非人間的な社会システムがますます強固なものになってきているように思う。より早い移動手段を追求し、より効き目のある薬品を開発し、より美しく見える化粧品を考案しようとする。こうした試みには限度がないように思われる。そしてそれらを支えているのは、従事する人々の必死の努力である。こうした今日の傾向は、人間をより幸せにするのか。誰も簡単には答えられない。いずれにせよ、このような方向性は当分変わることがないであろう。

そこで、多くの人々は自分が従事する「仕事」の中に、自分の生きがいを見つけ出そうとする。たぶんそれも間違ってはいない。自分の職業や技能への誇りが生まれる。ただし、それが自分の存在意義への根本的な答えを与えてくれるものかと言えば、やはり疑問である。ピーパーはより奥の人間性の問題を見つめているのだろう。

目下、子供たちは夏休みの中にいる。大人はそれほど長い休暇を取ることはできないだろうが、それでも自分の子供に数日でもつきあおうとすることだろう。われわれの遠い記憶にもあるように、夏休みには、普段と異なった時間が流れる。そしてそうした記憶が人生の中でも貴重なものとして残る場合が多い。モノを作ることだけが能でない。この夏は、普段と違った周りの世界との関わりを味わってみたい。

少年時代

七十歳をすぎると、やはり過去を思い出すことが増える。自分の小さい頃のことを思うままに書いてみたい。「随想」だからこれも許されるだろう。何で人の思い出話など読まねばならないのか、と思う方はパスしていただきたい。

私のプロフィールは、必ず「一九四三年姫路で生まれる」で始まる。だから時々、「私も姫路に住んだことがあります」とか「姫路はいい町ですね」とか言われる。しかし生まれただけで、何の記憶もない。たぶん、生まれて間なく次の父の転勤地、松山に越したからだろう。私の最初の記憶は、防空壕に入った光景である。たぶん一歳前後のことだろう。庭の隅に防空壕があり、家からそこへと降りていく際、前を流れる川が見えた。暗く狭い防空壕に入って、家族の者でかたまっていた。それが私の一番古い記憶である。恐怖心とか危機感といった感覚はなかった。

幼年時代の記憶のほとんどは断片的で、バラバラの写真のようだ。ただセピア色の古写真ではなく。たいてい鮮明なものである。高松にいた頃、韓国と朝鮮民主主義人民共和国との領土争いが苛烈であった。ラジオは、毎日のように戦況の変化を伝えていた。近所の子供たちとラジオニュースのまねをして、「三十八度線を越え……」と繰り返していた自分を思い出す。

その後広島に移った。五歳前後だったのだろうか。母親と並んで原爆ドームの脇を二人で歩いている光景をはっきりと思い出す。周りは一面ススキが覆っており、私の背丈を超えるような高さだった。この広島で小学校に上がった。戦後まもなくでもあり、幼稚園に行ったことのない私にとっては、子供ばかりの団体生活に違和感を持っていた。自宅は翠町《みどりまち》にあり、そこから皆見《みなみ》小学校へ通った。子供の私にとって三十分の道のりだった。周りはほとんど田んぼで、途中大きな蓮池があった。大きな蓮の葉の真ん中をちぎってコートのようにはおり、ちぎった葉を帽子代わりにかぶって遊んでいた。

豊中で小五の姉が亡くなった。風邪をこじらせた肺炎だった。この姉はプックラ太っていて、ちょっと欲張りだった。しかし病気になってからは無欲になり、自分のものを何でも私にくれるようになっていった。やがて名古屋というか尾張一宮へ転勤となったとき、父は一人で先に任地に行った。家族で列車に乗ると、一人足りないと感じるのがイヤだったからだそうだ。

一宮に住んだのは、たぶん小三から小五くらいの二年半くらいだったのだろう。この期間は、私にとって自然と過ごす貴重な時期になったと、今でも思っている。家の周り五十メートルはどこも田んぼで、学校から帰るときは田んぼの間の一本道を家まで歩いていった。引っ越した夜（六月ころだったか）、周り全体からカエルの合唱が聞こえてきたときは、家族みんなで心底驚いた。田植え前の田んぼでは、一面れんげが生えており、その美しさは今も心に残っている。田んぼと畦道《あぜみち》、点在する鎮守の杜、そこから夕方になると飛び立つ数多くのコウモリ、流れる小川。そんな中で、どんぐりを拾い、カエルやドジョウを捕って過ごしていた。一宮へは、それから一度も行っていない。あの原風景はたぶんどこにも残っていないのではなかろうか。

父親が亡くなった。四十九歳、直腸がんだった。私たちは一宮を引きあげ、母方の親戚が多い神戸へと移った。私が小五のときであった。ちなみに兄は大学生、姉は高校生だった。私は末っ子だったのである。母はそのとき四十を幾つも出ていなかったのだろう。田舎《いなか》では遊んでいても成績を維持できていたが、神戸の小学校に行ったら成績が落ちた。当時、地区の中学校で暴力事件が起き、新聞沙汰にもなった。「あそこだけはやめよう」ということで、ミッションスクールの六甲学院を受験することとなった。成績が落ちていたものだから塾に通った。六年生の冬の期間である。そろばん塾の先生が、塾が終わってから個人指導してくれた。真夜中に帰るものだから、通り道の警察に呼び止められたこともある。オリオン座という星座を冬空に仰ぎ見たことを忘れない。

六甲学院はイエズス会員が経営する学校で、当時は最低十五人くらいの会員が校内の修道院に居住しておられた。学校は「スパルタ教育」などと言われていた。「宗教」という科目があり、『偉大なる人間』『善き社会人』といった教科書が使われていた。そこで語られていたことは、理性、意志、善悪の価値観、良心、責任、自由といったことだった。こういうさまざまな言葉にはそれまであまり触れたことがなかったが、外国人の神父さんの説明はいちいち心に刺さった。自分の中にある後ろめたさみたいなものも感じた。

学校教育の中にキリスト教を持ち込まない——これが当時の校長の方針だった。校舎内には十字架一つさえ見いだされなかった。しかし放課後、それぞれの神父さんは「別館」で、学年ごとにキリスト教要理を教えていた。当時、生徒が一番洗礼を受けるのは中三のクリスマスだった。同級生たちも多くは、そのときに洗礼を受けた。母も受けた。私はしばらくは躊躇《ちゅうちょ》していたが、季節外れの高一の六月二十日、もう一人の仲間と二人で、修道院の小さなチャペルで受洗した。式は簡素だったが荘厳で、祭壇へと進むとき、大切な一歩を踏み出すのだと意識した。

洗礼を受けたとき、これは他のことと異なって、一生本気で関わるべきことであると思った。事実、その時からイエズス会への召し出しを考え続け、やがて二十歳で修道院に入り、司祭になり、今日に至っている。この今の私にとって、防空壕の記憶や飛び交うコウモリの風景が何を意味しているのかは分からない。はっきりしていることは、そのどれも今の私の一部分である、ということである。

もう一つ、強烈に記憶に残っていることがある。たぶん小六の頃だろう。一宮時代から昆虫採集にはまっていた私は、真夏のふだん行かない住宅街の坂道に立っていた。アブラゼミでなく、クマゼミを取ろうとしていたのだろう。酷暑の中で立っている自分、なぜそこにいるのかとふと思った。それだけのことである。しかし忘れることがない。最近ある人が私に「自分はすべてが必然であると思っている」と言ったことがある。私は決定論者でもなければ運命論者でもない。しかし、私の少年時代が今の私を作り上げていることは間違いない。

祝　福

　教会には典礼暦というものがある。年間を通してキリストの事跡を始め、聖母マリアや諸聖人の記念を行う。二〇一五年度は、二〇一四年十一月三十日、つまり待降節第一主日から始まっている。主の降誕（クリスマス）・主の公現・主の洗礼と、キリストの事跡が順次記念され、今年二月十八日（水）が灰の水曜日で、この日から信仰の中心、キリストの受難・死・復活を記念する準備の四十日間が始まる。昔は「祈りと断食の時」として、実際にその間は、肉を食べないなどのしきたりがあった。カーニバル（謝肉祭）とは、キリスト教の国で、四旬節が始まる直前まで、精一杯肉を食べ、どんちゃん騒ぎをしようということから始まったのである。

　今年の復活祭は四月五日だった。それ以降、復活節という時期が五月は続き、五月二十四日聖霊降臨の主日からは、キリストの業を引き継ぐ教会に関わる事跡が主として祝われる。祭服は白から平和と聖霊を表す緑へと変わり、年間の主日がずっと続く。その間、三位一体・聖体・イエスのみ心・聖ペトロと聖パウロなどが記念され、最後の主日（＝主の日とは、キリストの復活した日のことで、日曜日を指す）は、世界の王であるキリストを祝って典礼暦は終わる。

さて復活祭と教会の誕生を記念する聖霊降臨の日との間に「主の昇天」が記念される。主の復活と区別して主の昇天を独立した出来事として提示しているのは、実はルカ福音書と使徒言行録の著者ルカだけである。他の新約聖書の記者たちは、基本キリストの復活の出来事そのものが、キリストが普遍的存在意義を持ち、「キリストがわれわれと共に留まること」（マタイ28・20参照）であり、同時に「父である神の許に上げられたこと」（ヨハネ20・17、ローマ1・4他参照）であるとしている。確かに今年のミサでのマルコ福音書でも、「天に上げられ、神の右の座に着かれた」（16・19）としている。しかし原初のマルコ福音書は、十六章八節までであり、それ以降は他の福音書を前提とした後の付加なのである。

なぜ、ルカだけが「昇天」を独立した出来事として提示しているのだろうか。それは、四福音書記者の中でただ一人、初代教会の発生と展開を、福音書に次ぐ「第二巻」（使徒1・1参照）として使徒言行録を著していることと関係していると思われる。主の昇天のミサで読まれる第一朗読を見てみよう。まず、イエスの受難・復活・四十日にわたる出現・聖霊が与えられるまでエルサレムに留まるべきことなどを要約的に語る。その後、「イエスは彼らの見ている前で天に上げられ、雲に迎えられて、その姿が見えなくなった」（使徒1・9）としている。注目すべきはそれに続く叙述である。「彼らが天を見つめていると、見よ、白い衣を着たふたりの人が、彼らのそばに立っていて言った、『ガリラヤの人たちよ、なぜ天を仰いで立っているのか。あなたがたを離れて天に上げられたこのイエスは、天に上って行かれるのをあなたがたが見たのと同じ有様で、またおいでになるであろう』」（同1・10－11）。「いつまでぼんやりと天を見ているのか、さっさと戻って自分の務めを果たせ」と言われているようなものである。そこで弟子たちはエルサレムに戻り、聖霊が与えられるのを待って、教会を設立したと続く。

するると、「昇天」の独自の意味は、キリストのこの地上での務めの終わりであり、それは同時に、同じ務めは使徒たちと教会に委ねられたというところにある。キリストのこの世からの決別、そして教会への福音を伝える務めの委託。キリストの時から教会の時へ。この重大な使命の委譲、それを際立たせようとしたのが、ルカによる「主の昇天」である。いつそれ以降、キリスト者はこの地上で、キリストの務めを今日に至るまで続けている。いつまで？「同じ有様で、またおいでになるであろう」時、つまり世の終わりまで。

同じ「昇天」をルカ福音書は次のように描いている――「それから、イエスは彼らをベタニヤの近くまで連れて行き、手をあげて彼らを祝福された。祝福しておられるうちに、彼らを離れて、〔天にあげられた〕」（24・50－51）。弟子たちを祝福しながら、天に昇っていく。ちょっと想像しにくい絵ではある。しかし私はこの二度にわたって繰り返されている「祝福」という言葉が好きだ。「お前は、この大地に足を据えて生きてよいのだ。しっかり生きよ。私が見守っている」と言われているように感じるからだ。

「からだの復活を信じます」（使徒信条）

先日、母が百歳で亡くなった。

亡くなったのは三月十三日の金曜日である。前日の木曜日、三年半前に死んだ兄の連れ合いが母を見舞い、さらにその日、姉も見舞った。用事がつまっていた私は、迷ったが、前倒しして金曜に神戸に向かった。世話になっているカトリックの老人ホームで母と対面したのは、ちょうど昼の十二時だった。

荒い苦しそうな息をしていたが、私が来たことを告げると、はっきりと分かったようである。私は、これまで口にしたことのない言葉を母にかけた。「ありがとう、これまでのすべてにありがとう」と。そして「ご苦労さまでした」と言った。母に通じたと思っている。やがて呼吸がゆっくりとなっていった。だんだん間があいて、やがて止まった。十二時三十分だった。母は末っ子の私が駆けつけてくるまで、待っていてくれたのだろう。これでやることはやった、そんな感じで息を引き取った。

亡くなった直後の母を見つめて、最初に感じたのは、この人の命はここで終わりではない、終わるはずがない、という実感だった。大正三年生まれ、百年のさまざまな時期を生き抜いた体がここにある。それがここで終わり、ただ無に帰してしまうということは、決してあり得ないと感じたのである。

私の記憶にある母は、いつも苦労をしていた。父は四十九歳で亡くなった。母はそのとき、四十歳そこそこだっただろう。母の故郷である神戸に戻り、部屋貸しをしながら三人の子を自力で養った。兄は大学生、姉は高校生、末っ子の私は小学校五年生であった。やがて兄は画家となり、スペインやパリで過ごすようになった。姉は結婚して子宝に恵まれた。私はイエズス会（修道会）に入り家を出た。いわば「出家」である。その間、母は私たちそれぞれの成り行きを眺めるほかなかったと思う。

親という字は、木に立っている（あぶなっかしい）子供を見ると書く。それぞれの子供が歩む道に口出しするでもなく、それでも見守り続ける――それが母の役割だったように思う。こうした母の人生を思うと、どちらかと言えば苦労の連続だった。幼少期に両親を亡くして以来、ずっとのことである。

母は頑張り屋でもあった。今の神戸高校の前身である兵庫県立第一神戸高等女学校では、がむしゃらに勉学に打ち込んだようである。その後、パルモワ学院で英会話・英文速記・

邦文速記などを習得したそうである。二十歳そこそこで銀行員の父と結婚し、東京を皮切りに、熊本・姫路・松山・高松・広島・豊中・尾張一宮と転々とし、父の死を期に生まれ育った神戸に帰ったのである。

これらすべてを振り返ってみても、やはり母の生涯の第一の特徴は「苦労」であったように思う。しかし、苦労はしたが幸せでなかったとも思わない。百年の歳月、自分の人生を精一杯生き切ったと言えよう。

臨終のときの話に戻ろう。私が最初に思ったこと——この生涯が今無に帰し、何の意味も結論も結ばないということは考えられない。私が中学からミッションスクールに通い出してから、母はカトリックの洗礼を受けた。以来死ぬまで、堅くこの信仰に留まってきた。私の方は、修道司祭となって、この母の通夜・葬儀・骨上げのいっさいを主宰することになった。

古来からのキリスト教信仰の要諦を約《つづ》めた使徒信条は、「からだの復活、永遠のいのちを信じます」で終わっている。母の百年の人生は、永遠のいのちの中で確固とした意義を持ち、母の人格はその中で輝いていると思う。これがキリスト教独自の「からだの復活」の信仰であろう。

今、私の小さな寝室の本棚の上に母の遺骨が遺影と共に置いてある。不思議な感覚がある。生きているときよりも、今の方が母が身近に感じられる。初めての経験である。「からだの復活」の信仰の意味が前より分かった気がする。日本の習慣に従って、四十九日前後に、母が望んでいた、四ツ谷の聖イグナチオ教会に納骨するつもりである。私もやがて同じクリュプタ（地下聖堂）に入ることになっている。

イエズス会復興二百年

わがイエズス会は、年末の空白期間によく集まる。昨年十二月二十六日、つまりクリスマスが終わった翌日、関東を中心に百名前後のイエズス会員が四ツ谷に集まった。ほかに友人・恩人なども多く参集した。その多くは上智大学学長をはじめとする上智大学関係者だった。イエズス会復興二百周年を記念する集会である。一八一四年八月七日、教皇ピウス七世は教書『ソリチトゥード・オムニウム・エクレジアールム』をもって、全世界にイエズス会の復興を宣言した。その二百年目の記念の祝いだった。

修道会の歴史は古い。古代からパコミオスやアタナシオス、バジレイオスなどの会がある。ベネディクトゥスが中世修道院の基礎を据え、十三世紀には巡回してキリストの福音を説くことを目指した新手《あらて》の修道生活が提唱される。こうしてフランシスコ会とドミニコ会がほとんど同時期に生まれた。十六世紀に入って、また新タイプの修道会が生まれた。イグナチウス・デ・ロヨラを総長とするイエズス会である。大航海時代と宗教改革を前提とした近代型の修道会である。七人の同志で始まったこの会は、またたく間に大きな勢力となっていった。世界の広がりと共に、イエズス会員たちはヨーロッパ以外の宣教師の急先鋒《きゅうせんぽう》となった。日本に来たフランシスコ・ザビエルは、最初の七人の一人である。

さてこのイエズス会が一七七三年、教皇クレメンス十四世によって解散を命じられた。ポルトガル、スペイン、フランス、ナポリ王国などの反イエズス会の圧力によるものと言われている。ロシアのエカテリーナ二世は、教皇の勅書を拒んだので、そこでは活動を続けることができた。

イエズス会は創立時、「最も小さなイエズスの会」と自称していた。実際、数的にも小さな会であり、宗教改革後の状況の中で、カトリック教会を守ろうという意識のほか、何かに特化しようとは考えていなかったのだと思われる。しかし会が発足以降、急激に影響力の強いメンバーが入会し、数的にも大きくなっていった。活動は主に四分野である。①影響力のある人たちに働きかける、との意識から、当時の王室などで聴罪司祭や霊的指導者などを勤めた。②宣教に果敢に出ていった。アフリカ、インド、日本、中国のみならず、南米での活動もある。かつて映画「ミッション」での原住民族の側についた宣教師の話は有名である（「レダクション」）。③神学分野。イエズス会が創設されて間もなく、宗教改革後のカトリック教会の立場を明確にするために、トリエント公会議（一五四五－六三）

が開かれた。この公会議には複数のイエズス会員が貢献している。その後も時々の指導的神学者を輩出している。④学校教育に多くの力を注いだ。コレジオと呼ばれる学校がヨーロッパ各地に百以上作られ、共通の『学事規定』のもとに、比較的自由主義的な青少年教育でリードしていった。

イエズス会が教会内外の反感をかって解散を命じられた理由は①~③と関係しているようである。解散の時は、フランス革命前夜である。基本、君主制の時代でもあり、「王権論者」、つまり君主制を維持していこうという強い意志を持った人々にとって、イエズス会が目障りになってきたようだ。宣教の方法についても、教会内での議論があった。有名なのは中国宣教に足跡を残したマテオ・リッチである。彼は天文学・数学に精通しており、中国で学問の発展に貢献している。宣教者としてのマテオ・リッチは、中国文化を大切にし、特に儒教の伝統を破壊することなく、キリスト教との和合を図った。その後、ローマでは彼の文化適合が行き過ぎではないかとの議論が起こり問題視された。スペインのイエズス会員ルイス・デ・モリナは、恩恵の働きにおける人間の自由意志の役割を強調した。恩恵の無償性を強調するドミニコ会のバーニェスとの論争となり「恩恵論論争」となった。やがてこの論争はパスカルをも含むヤンセニストとイエズス会員との論争へと発展していった。

政治・文化・神学などにさまざまな意見があり、こうした相克の中で、バランスを取ろうとした結果として、イエズス会は四十一年のあいだ解散を命じられる結果となった。冒頭で述べたクリスマス後の記念講演会で川村信三師は、解散の主要原因は、イエズス会員が著作の中で「傲慢」との印象を与えたことではないかと述べた。実際問題として当時諸分野で活躍したイエズス会員が、傲慢であったとの印象はないのだが……。二〇一四年の復興記念に際しての書簡においてイエズス会総長ニコラス師も、常に「最も小さなイエズスの会」の精神を忘れず、いつも謙虚であれと強調しておられる。私も「傲慢」に思われないように気をつけよう。

時の節目――新年によせて――

正月が来ると、いつも子供のころを思い出す。年が改まるとすべてが新しくなると本気で信じていた。大晦日《おおみそか》の夜、枕元に新しいズボン、新しい下着などが置かれている。「明日起きれば上から下まで真っ新《さら》になる。自分自身も」。実際そのような心で新年を迎えることができた。子供のころは、次々と新しい体験をしていた。暑い夏にセミを追いかけて一日中さまよった。鎮守の杜《もり》の暗い湿った地肌の上に無数のドングリを見つけた。初めて自転車に乗れた。父が映画に連れて行ってくれた、などなど。ある意味毎日が、新しかった。そうした一時一時は、古びることがなく、どこか永遠の輝きを保っていた。正月は特にそうだった。三が日は文字通り特別の日だった。日常を脱した遊びの日々だった。

大人になってからは、正月はそんな輝きを失ってしまった。大掃除をするでもなく、元旦を迎えても自室は散らかったまま。正月といっても、昨日や一昨日とそれほど変わらない一日に過ぎない。昨日からの体の疲れは正直に今日も残っている。何かが新年から劇的に変わるわけでもない。時は流れる。

それでも私にとって正月は特別の時だ。たいてい私は近くの井草八幡宮に行く。地元の人がお神楽《かぐら》をやり、売店が立ち並び、おみくじの前に長い行列ができる。カトリック司祭である私が本殿で手を合わせるのも変なので、漠然と雰囲気を楽しみながら帰ってくる。普段はバスに乗る距離だが、ぶらぶらと歩いて家に帰る。

私には二つの暦がある。教会暦と世俗の暦である。教会暦は、「待降節」（クリスマス準備の四週間）で始まる。つまり十一月末には、新しい年度が始まっているのである。これは私にとって神さまの暦であり、永遠の命の暦である。

では正月で始まる世俗の暦は何か。私の実生活が生きられる時を示す暦である。私に限らず、多くの大人にとってこの暦による時は、ほっておくと止めどもなく流れていく。昨日に似た今日、今日に似た明日……。ある先輩の神父さんは、正月になると、「もうすぐクリスマスだな」と言うのが口癖だった。油断すると時はいくらでも流れていく。浦島太郎の話は、私たち一人ひとりの人生の物語であると思っている。「夢のよう」な竜宮城で過ごした数日間。戻ってお土産の玉手箱を開けたとたんに、白髪の老人となっていた。私たちの人生は長いようで短い。「面白おかしく」生きているうちに、気がつけば人生の黄昏《たそがれ》時《どき》になっている。

キリスト教の信仰には、「からだの復活」という信仰がある。一人ひとりの永遠の命は、魂だけでなく身体を伴って生きられるという教えである。これは、別の言い方をすれば、体を生きる今の世の生こそトータルな形で永遠の命の形を決定するのだということである。今の世での生き方がその人の器を決定する。その人の姿は死をもっていわば「完成品」となり、誰もそれに手を加えることができない。

するとどうか？　この世の生の一時一時が、自分の永遠の命を紡ぎ出す「時の滴」であるということになる。この世の毎日が繰り返しの利かない大切な時となる。すると生きることが真剣なものとなる。誠実、よき業、人への思いやり、自分の人生を積極的に構築していくこと、運命を受容することなどなど――こうした事柄がこの上もなく大切になってくる。こうして私たちは淡々と流れる時に棹《さお》さす必要がある。一時一時をできる限り、自分の手でしっかりとつかみ取る必要がある。自分の中の悪意や不正をできるだけ抑え、惰性やおざなりな態度から脱したい。できるだけ「善き自分」を作り上げていきたい。

そんな決意を新たにするのが、お正月なのだろうと私は思っている。できることなら最後まで子供のころのみずみずしさを保って日々を過ごしたい。流れる時に意味を与えたい。そんな「時の節目」となるのがお正月である。今年は何が起こるのだろうか？　楽しみである。

「だから、わたしたちは落胆しない。たといわたしたちの外なる人は滅びても、内なる人は日ごとに新しくされていく。」（二コリント４・16）

司　祭

先週、二つの教区の司祭の黙想指導を行った。年配の方や若手の方やさまざまで二十五名ほどだった。場所は、鎌倉十二所のイエズス会修道院である。午前と午後、一時間ほどの講話を行い、夕食後は何人かの方々と面談した。たいていの教区司祭は、それぞれの教会に配属されており、現場の生々しい現実問題と直面し奮闘しておられる。そこでは信徒たちのさまざまな人間関係や意見の相違、教会内の諸企画など、なかなか気を休める暇もないようである。それだけではない。司祭もその中に巻き込まれ、時として冷静な判断や行動ができない場合もあるだろう。

カトリックの司祭は、教会において非常に重要な使命を負っている。ミサを司式し、信者の告白を聴く。それだけではなく、教会の財政や諸活動の方針などを最終的に決断するのも司祭である。いわば「公人」である。彼らはそれなりの覚悟と決意を持って、この道に入る。ある者は小神学校を経て、司祭に必要な哲学・神学の教育課程へと進む。小神学校では中高生の時代を家庭から離れ、寮で過ごす。この時代はまだ「子供」である。こうした人々は、大神学校、つまり専門課程に入った頃に、はっきりと自分の進路を自分の意志で決断することになる。他の人は、通常の大学生活を終え、場合によっては数年を社会人として過ごした後、司祭への道を歩み始める。彼らは自分の人生の道を大きく修正して「召し出し」への道へと入っていくのである。近年日本では司祭を志願し目指す人が減少し、メキシコや韓国、場合によってベトナムといった、よりカトリック的な環境にある人たちも、日本の神学教育に参与している。

司祭養成は原則七年間を要する。神学の考え方の準備として、正しい思考過程を導く哲学を二年、キリスト教の真髄を聖書学から始めて教義学・教会史・倫理学・霊性神学などを修める神学を三年学び、最後の一年で教会実習などを主とする司牧年を経て、やっと司祭となる。これは決して短い期間ではない。多くの人はこの間に、いわば中年になってしまう。さまざまな時期に脱落していく人もある。このようにして教会は公人たる司祭を慎重に準備し、実践の場へと送り出すのである。

こうした養成を受けて叙階（司祭になる式）を受けた者は、自分がキリスト教を広めるために自分の生き方全体をささげたという意識をしっかりと持っている。先に述べた黙想会には、老齢に達して杖をついている方、働き盛りの方、叙階後まもない初々しい司祭などさまざまな人たちが参加していた。しかし皆、自分の人生を司祭として生き切るという決意をしてきたという点で同じである。彼らが熱心に講話を聴き、「教会の祈り」を唱え、面談で現場の状況を語られるのを聞くと、それらの方々の心底からの強い決意を膚《はだ》で感じることができた。

同時に感じるのは、このようなはっきりとした理想に身をささげた一人ひとりは、相変わらず弱い人間であり続けるということである。人はたとえ重要な地位にある人でも、一芸に秀でた有名人でも、個人としては弱く傷つきやすいのが人間である。司祭も同じである。身体は疲れやすく、油断すれば風邪《かぜ》を引く。場合によっては大病をする。心も同じである。繊細で傷つきやすく、小さなことでこだわり、周りの人との関係で悩む。相田みつをではないが、「にんげんだもの」。その点で司祭も一般の人と変わらない。

黙想会の終わりに、地方に散っていく神父さまたちに心から「がんばってください」と言った。ここで受けたものは、同じ司祭である自分にとっても小さなものではなかった。最後にいつも自分を励ますヘブライ人への手紙の一節を引いておく。（神の子イエスは）「わたしたちの弱さに同情できない方ではなく、罪を犯されなかったが、あらゆる点において、わたしたちと同様に試練に遭われたのです」（4・15）。

第二部

説　教

――聖書は何を語るか――

真の平和

そのころ、マリアは出かけて、急いで山里に向かい、ユダの町に行った。そして、ザカリアの家に入ってエリサベトに挨拶した。マリアの挨拶をエリサベトが聞いたとき、その胎内の子がおどった。エリサベトは聖霊に満たされて声高らかに言った。「あなたは女の中で祝福された方です。胎内のお子さまも祝福されています。わたしの主のお母さまがわたしのところに来てくださるとは、どういうわけでしょう。あなたの挨拶のお声をわたしが耳にしたとき、胎内の子は喜んでおどりました。主がおっしゃったことは必ず実現すると信じた方はなんと幸いでしょう。」（ルカ1・39－45）

エルサレムの近くにアインカリムという自然豊かな町があります。今日の福音では「山里」としています。ここに今はかなり大きな「ご訪問の教会」があります。聖堂内に入ると一番祭壇に近い大アーチにマリアとエリサベトの大きな像が描かれています。祭壇を挟んで右に聖母、左にエリサベト、二人は向かい合っています。アーチの頂上には聖霊が描かれており、その同じ光がマリアをもエリサベトをも照らしています。その絵が与える印象は平和でした。

「そのころ」――今日の福音の書き出しです。受胎告知を受けて間もなくということになります。ガリラヤのナザレからユダの地に行った。聖書は「急いで行った」とのみ書いています。百五十キロか二百キロの行程を歩いて行ったのでしょう。エリサベト訪問の話の最後は「マリアは、エリサベトのところに三カ月ほど滞在してから、家に帰った」と結ばれています。訪問したのがエリサベトが子を宿して六カ月のことなので、マリアはお産するまで彼女を手伝ったということでしょう。

さて二人の出会いに戻りましょう。二人の子供を宿した母、一人は高齢であり、一人は若い。二人の周りにある空気は、この山里のように、平和であり、喜びであります。自分が子を宿している。それは何にも代えられない喜びでしょう。たぶん今日においても多くの女性が同じ喜びを味わっていることでしょう。

この子供たちはどうなったのでしょうか。洗礼者ヨハネについては、「幼子は成長し、その霊も強くなり、荒れ野にいた」とあります。若いときから親元を離れ、一人修行の道に入っていったのでしょう。後のことは私たちもよく知っています。洗礼運動を展開し、ヘロデ・アンティパスに捕らえられて、幽閉のあと首を切られて死んだ。エリサベトはそれ以来聖書に現れない。マリアもまたわが子の多くの苦しみを見届けなければならなかった。そして最後は十字架の下に立ち、わが子の受難を目撃し、その死を確認した。

次のような聖書箇所があります。群衆の中からひとりの女が声を張りあげて言った、「あなたを宿した胎、あなたが吸われた乳房は、なんと恵まれていることでしょう」。しかしイエスは言われた、「いや、恵まれているのは、むしろ、神の言《ことば》を聞いてそれを守る人たちである」。一人のおばさんがイエスの立派な姿を見て、「このような子を生んで育てた母親は幸せだ」と叫んだ。これに対してイエスは、「本当に幸せなのは福音を聞き、それに従って生きる者である」と言っています。イエスは「ガリラヤのナザレを出て」以来、私的な事柄に気を留めなかったということでしょう。皆さん、数々のピエタ像をご存じでしょう。マリアが再び母としてわが子を懐に抱くことができたのは、十字架において無残に傷つけられ、殺害された後でした。

このように見るとき、エリサベトもマリアも多くの痛みや苦しみ、悲しみを体験しなければならなかった。彼女らは、それらも神さまが自分に与えた使命なのだとして受け取ったのでしょう。ある時、一人の信者さんから、「マリアさまってどんな方ですか?」と訊《き》かれました。それで、「マリアさまはイエスさまのお母さんですよ」と答えました。するとその人は「それだけですか?」と言われました。私はその人に、「イエスのお母さんであるということってすごくないですか。それだけで十分じゃないですか」と申し上げました。たぶんその方は「無原罪の御宿り」「処女懐胎」「被昇天」といったことについて聞きたいと思われたのでしょう。そうしたことに意味があるとしても、「イエスの母、神の母」であることの方がずっと中心的だろうと思います。

もう一度今日の福音に戻りましょう。ご訪問の場面には、二人の女性の純粋な喜び、そして安らぎが満ちています。たとえその後、二人に多くの苦渋が襲ってくるのだとしても。マリアとエリサベト――この二人の名前は今も、最もよく女性がつける霊名です。私たちの人生は決して平坦《へいたん》なものではありません。しかし私たち一人ひとりにも、純粋な喜び、曇りなき平和を味わわせてくださる時があると思います。それは神さまが与えてくださる平和です。アインカリムの壁画が同じ聖霊の光に満たされていたように。

クリスマスが目前に迫っています。この降誕節が皆さまにとっても、主イエス・キリストをわがうちに迎え入れる時、平和と喜びの時となることを願っています。

聖夜

そのころ、皇帝アウグストゥスから全領土の住民に、登録をせよとの勅令が出た。これは、キリニウスがシリア州の総督であったときに行われた最初の住民登録である。人々は皆、登録するためにおのおの自分の町へ旅立った。ヨセフもダビデの家に属し、その血筋であったので、ガリラヤの町ナザレから、ユダヤのベツレヘムというダビデの町へ上って行った。身ごもっていた、いいなずけのマリアと一緒に登録するためである。ところが、彼らがベツレヘムにいるうちに、マリアは月が満ちて、初めての子を産み、布にくるんで飼い葉桶に寝かせた。宿屋には彼らの泊まる場所がなかったからである。その地方で羊飼いたちが野宿をしながら、夜通し羊の群れの番をしていた。すると、主の天使が近づき、主の栄光が周りを照らしたので、彼らは非常に恐れた。天使は言った。「恐れるな。わたしは、民全体に与えられる大きな喜びを告げる。今日ダビデの町で、あなたがたのために救い主がお生まれになった。この方こそ主メシアである。あなたがたは、布にくるまって飼い葉桶の中に寝ている乳飲み子を見つけるであろう。これがあなたがたへのしるしである。」すると、突然、この天使に天の大軍が加わり、神を賛美して言った。

いと高きところには栄光、神にあれ、
地には平和、御心に適う人にあれ。」（ルカ２・１－14）

この深夜ミサは、イザヤの言葉で始まります――「闇の中を歩む民は、大いなる光を見、死の陰の地に住む人々の上に、光が輝いた。あなたは深い喜びと大きな楽しみをお与えくださり、人々はあなたの前で喜び祝った」（イザヤ9・1－2）――これこそクリスマスの祝いです。東京のど真ん中に生活し、過ぎゆくものに心を砕き、余裕がなく疲れ、重荷を負い、目の前のことしか見えなくなっている私たち。この私たちこそ、「闇に座す者、死の陰の地に住む者」です。最も今日の祝いを必要としている者です。

イザヤは続けて「この大いなる光」について語ります――「ひとりのみどりごがわたしたちのために生まれた、ひとりの男の子がわたしたちに与えられた」と。この大いなる光は、「たった一人の赤ん坊」――ここにクリスマスの深い神秘があるように思われます。テトスへの手紙はさらにトーンをあげている――「すべての人を救う神の恵みが現れた」と。例外なくすべての人を救う。それは救い主でさえもなく、「神の恵み」そのものが直に現れたと。

ルカの言葉に耳を傾けましょう。「彼らがベツレヘムに滞在している間に、マリヤは月が満ちて、初子を産み、布にくるんで、飼い葉桶の中に寝かせた。宿屋には彼らのいる余地がなかったからである」。何と素朴な出来事でしょう――クリスマスの祝いは、この馬屋の赤子を眺めることにあるのでしょう。

「**静寂**」 「しずけき真夜中」という歌は、それほど古いものではありません。オーストリアの高校教師が作ったものが、あっという間に世界中に広がったのです。夜のしじま。歴史の中で最も大切な出来事、すべての人にとって関心の中心であること――神の子が人となったということ。それは鉦太鼓《かねたいこ》で予告されることもなく、何の前宣伝もなく、ヘロデの王宮ででもなく、ベツレヘム郊外の洞窟でひっそりと起こりました。現代は宣伝の時代です。「見てください、買ってください」。できるだけ自分の良さを強調し、人の目を引こうとします。商品だけではありません。私たち一人ひとりも競争社会の中で、自分をアッピールします――化粧を施し、「私を見てください、買ってください」と。私たちは毎日毎日の生活で雑音を立て、大声を出して自己主張をし、心の中は泡立っています。それほど価値のあることなのだろうか、空《むな》しくないのだろうか。神が独り子を送られるのに、人のあらゆる営みが無に帰する、真夜中を選ばれたのです。

「幼子」インファンス（infans）とは一言の言葉をも口にできない者という意味です。幼子の沈黙。神のみ言葉は、言葉の氾濫する世界に、まずはこのような静寂をもって語られたのです。

「貧しさ」　天使は羊飼いに「布に包まれて、飼い葉桶に寝かされている幼子、これがあなた方へのしるしである」と伝える。これ以外に私たちへの「救い主」のしるしはありません。豪華な宮殿、王位継承者の位、国民の歓呼……こうしたものはこの世のしるしになっても、私を根底から救う方のしるしにはなり得ません。「宿屋には泊まるところがなかった」。身重の若夫婦が苦労してやっと獲得した馬屋。ワラの匂いがし、あり合わせの布を産着とし、ベビーベッドならぬ木の桶の廃物利用。しかし必要なものは心を込めてキッチリ用意されている。素朴で飾り気のない羊飼いたちがお祝いにくる。こうした貧しさこそ、本物の豊かさを表しています。そしてクリスマスはこうした貧しさに戻っていく日です。

私たちは「もの」に取り囲まれていき、捨てる場所がないほどにゴミの山を築いていきます。この世の命を味わい尽くそうと貪欲に駆られ、華々しく生きようとします。でも、そうすればするほど、救いがたい空虚さを覚えます。飼い葉桶の貧しさ――それは人の世の富の貧しさを改めて知らせてくれます。この世の富に囲まれている私たちが、貧しいから、私たちに、本物の、この世が与えることのできない豊かさを持って来られたのです。根源的な自己の貧しさにかえる、神の豊かさに満たされる。この聖なる夜、私たちは、自分が埋没している雑多なガラクタを忘れ、ありのままの姿で幼子に向かいましょう。

「**平和**」　生まれたばかりの幼子を見つめましょう。かわいさ、無防備、傷つきやすさ、生命のかたまり、あらゆる可能性に開かれた姿。このような幼子の傍らで何を感じるでしょうか。わが身にひきかえて、命の素晴らしさを感じる、無垢《むく》の美しさを、自然なもの、本物を感じます。何よりも心が和みます。どんな荒《すさ》んだ人にも、温かい心が戻ります。無力で無防備な赤子の前では誰でも心の鎧《よろい》を解きます。用心や猜疑心《さいぎしん》を解きます。神さまが、これほど優しい姿で私たちの許に来られました。私たちは初めて安心して神さまに近づけます、神さまの限りない親しさ、近さが伝わってきます。今日、心を和ませ、安らかな心を回復しましょう。「天のいと高きところには神に栄光、地には善意の人々に平和」。このような平安をもたらされた神を賛美しましょう。

クリスマスの祝い、それは神が祝福された聖なる夜です。それは「静寂」「貧しさ」「平和」に満ちています。

人は教会を訪れ、ミサの後、子供の手を引いて、しばし豆ランプで慎ましやかに照らされた馬小屋の前に立ちます。何か満たされたような気持ちになっていきます。これこそ聖夜の意味なのでしょう。あのがさつな羊飼いたちのように、幼子の前にぬかずき、温かい人間らしい心を取り返すのです。

今日のテトスへの手紙は次のように語ります。「すべての人を救う神の恵みが現れた」。そしてその現れた神の恵みは、「不敬虔とこの世の欲望を捨て、今の時代に慎み深く、正しく、敬虔に生きるように」と教えています。

カナと人生

三日目に、ガリラヤのカナで婚礼があって、イエスの母がそこにいた。イエスも、その弟子たちも婚礼に招かれた。ぶどう酒が足りなくなったので、母がイエスに、「ぶどう酒がなくなりました」と言った。イエスは母に言われた。「婦人よ、わたしとどんなかかわりがあるのです。わたしの時はまだ来ていません。」しかし、母は召し使いたちに、「この人が何か言いつけたら、そのとおりにしてください」と言った。そこには、ユダヤ人が清めに用いる石の水がめが六つ置いてあった。いずれも二ないし三メトレテス入りのものである。イエスが、「水がめに水をいっぱい入れなさい」と言われると、召し使いたちは、かめの縁まで水を満たした。イエスは、「さあ、それをくんで宴会の世話役のところへ持って行きなさい」と言われた。召し使いたちは運んで行った。世話役はぶどう酒に変わった水の味見をした。このぶどう酒がどこから来たのか、水をくんだ召し使いたちは知っていたが、世話役は知らなかったので、花婿を呼んで、言った。「だれでも初めに良いぶどう酒を出し、酔いがまわったころに劣ったものを出すものですが、あなたは良いぶどう酒を今まで取って置かれました。」イエスは、この最初のしるしをガリラヤのカナで行って、その栄光を現された。それで、弟子たちはイエスを信じた。（ヨハネ2・1－11）

典礼の暦は、ご降誕を準備する待降節から始まります。クリスマス、そして年が明けて（今年の場合）一月三日が三人の博士の礼拝を記念する「主の公現」が祝われました。こうしてクリスマス・シーズンが過ぎると、先週キリストの宣教の始まりとして「主の洗礼」が記念されました。そして今日、ヨハネが「最初のしるし」と呼んでいるカナの奇跡が祝われます。典礼暦は六月ころまで、主としてキリストの事跡を記念し、受難・復活・聖霊降臨の記念を行うようになっています。

さて、聖地に行ってみると、ガリラヤのカナと想定される場所が複数ありました。そのうちの一つを訪ねました。そこには聖堂内に一つの大きな水がめが置いてありました。福音書にあるように三メトレテス入るということは、一つで百リットル前後入る巨大な水がめでした。このカナでの情景を今日の福音に沿って眺めてみましょう。最初にイニシャティブを取るのは母マリアです。とにかくイエスの言うとおりしなさいと仕切ります。イエスは親子といった絆を越えた自己の役割を淡々と果たします。次に「召使いたち」が水がめに水を張り、「世話役」まで持って行きます。そこで何が起きたかを知っているのはこの無名の「召使いたち」だけです。「世話役」は新しく運ばれてきたぶどう酒を吟味して、「花婿」にささやきます。「誰でも初めに良いぶどう酒を出し、酔いがまわったころに劣ったものを出すものですが、あなたは良いぶどう酒を今まで取って置かれました」と。このイエスの「最初のしるし」のシーンでの特徴は、複数の登場人物が入れ替わって現れることです。キリストもどちらかといえば裏方の感があり、主役であるはずの花婿などは最も影が薄い感じがします。

この福音は私たちに何を語りかけているのでしょう。神のみ言葉、つまり聖書の意味は、古来から「文字通りの意味」と「霊的意味」があると言われています。つまり単なる出来事としてだけでなく、私たちにうったえてくるより奥の意味が秘められているというのです。特にヨハネ福音書の場合こうした多層的意味づけが隠されています。

今、このカナにおける水がぶどう酒に変わった物語を、自分の人生全体を象徴する話として読んでみたいと思います。この話で最も際立つ言葉は、やはり最後の「だれでも初めに良いぶどう酒を出すものですが、あなたの場合、もっと良いぶどう酒を最後に出しました」という言葉です。

これを私たち一人ひとりの人生にたとえてみましょう。私たちの人生のピークはいったい何時《いつ》なのでしょう。肉体的に言えばわれわれのピークはせいぜい二十五歳くらいだそうです。つまり体はそれ以降、緩慢に衰えていく過程をたどっていると言われます。精神的に言えばどうでしょう。経験が豊富になり、物事の理をわきまえ、広い視野から判断・決断を下していけるのはいわゆる壮年期、四十から五十代といったところでしょうか。それ以降はやはり記憶や総合力、あるいは行動力といったものも少しずつ鈍っていきます。そういうことを併せて考えるなら、身体的ピークと精神的ピークの間のあたり三十代から四十代あたりが、通常の意味での人生のピークと言えそうです。余生といった言葉もあります。余った命。老齢は人生のそれほど大切ではないおまけのようなもの。こんな言葉が平均寿命が飛躍的に延びた昨今、どう受け止められるかは別です。しかし、体の不調、物忘れ、判断ミスなどが俄然《がぜん》増えてくるのは、わが身に照らしても確かです。

さてカナの話です。この話のキーとなる言葉、「だれでも初めに良いぶどう酒を出し、酔いがまわったころに劣ったものを出すものですが、あなたは良いぶどう酒を今まで取って置かれました」を、私たちの人生について言われたものと考えてみましょう。そうすれば、先ほど考えた通常の見解――人生のピークは三十代から四十代あたり――を覆す見方になるように思います。「若いうちが花」などとも言われますが、実際実がつき、それが育ち、収穫できるようになるのは、人生の最後の時期であるということになります。「良いぶどう酒は最後に出てくる」。これがこの世の生についての真の「キリスト教的」理解だと思います。

この見方が可能なのは、私たちの命はこの世の生だけでは終わらないという信念があってのことです。永遠の命を紡ぎ出すからこそ、この世の命が尊いのです。カナの話にもう一つのポイントがあります。「水がめに水を口までいっぱいにしなさい」というキリストの言葉です。私たちの日々の営みはしょせん「水」のようなものです。仕事も家庭も娯楽も趣味も、ちょっとした空しさ・退屈さを伴ったものです。しかしそれを果たしていくのが私たちの務めなのでしょう。自分でそれを「ぶどう酒」に変えることはできません。しかし、私たちが忠実に人生の水がめに水を満たし続けなければ、神さまも、それをぶどう酒に変えることはできません。

この年の初めにあたって、皆さんが人生のどのような時期にさしかかっているか私は知りません。ただ、この一年のそれぞれの業が誠実なものであり、やがて神さまが尊いぶどう酒に変えてくださるようにと、共に祈りたいと思います。

高い山と深い谷

この話をしてから八日ほどたったとき、イエスは、ペトロ、ヨハネ、およびヤコブを連れて、祈るために山に登られた。祈っておられるうちに、イエスの顔の様子が変わり、服は真っ白に輝いた。見ると、二人の人がイエスと語り合っていた。モーセとエリヤである。二人は栄光に包まれて現れ、イエスがエルサレムで遂げようとしておられる最期について話していた。ペトロと仲間は、ひどく眠かったが、じっとこらえていると、栄光に輝くイエスと、そばに立っている二人の人が見えた。その二人がイエスから離れようとしたとき、ペトロがイエスに言った。「先生、わたしたちがここにいるのは、すばらしいことです。仮小屋を三つ建てましょう。一つはあなたのため、一つはモーセのため、もう一つはエリヤのためです。」ペトロは、自分でも何を言っているのか、分からなかったのである。ペトロがこう言っていると、雲が現れて彼らを覆った。彼らが雲の中に包まれていくので、弟子たちは恐れた。すると、「これはわたしの子、選ばれた者。これに聞け」と言う声が雲の中から聞こえた。その声がしたとき、そこにはイエスだけがおられた。弟子たちは沈黙を守り、見たことを当時だれにも話さなかった。（ルカ9・28b－36）

聖書で山が出てくると、神さまからの啓示の場である場合がよくあります。古くはモーセのシナイ山、山上の説教や復活後の高い山での宣教命令なども、キリストを通しての神のご意志の宣言です。今日の福音箇所も山での出来事です。まずイエスは祈るために山に登ったとされています。その時同行を許されたのはペトロ、ヨハネ、ヤコブの三名のみでした。そこで起こったこと――イエスのみ顔がこの世のものとは思えないほどに真っ白に輝き、み衣も光り輝いた。そこでイエスは、モーセとエリヤと語り合っていた。その内容は、「エルサレムで遂げようとしておられる最期について」と特定されています。何がメッセージでしょう。モーセは律法の仲介者、エリヤは預言者の元祖です。つまりこの二人は言わば旧約聖書を代表しており、旧約聖書の約束がこのイエスにおいて実現する、しかも彼の受難と死においてということが中心的メッセージです。旧約全体はイエス、死んで復活されるキリストにおいて成就すると。

この福音箇所は、もう一つの聖書箇所と対になっています。ゲッセマネでの祈りです。イエスは受難を前にして、ここでも祈るために園に入ります。同行を許されたのは同じペトロ、ヨハネ、ヤコブの三人です。イエスは「父よ、み心ならば、どうぞ、この杯をわたしから取りのけてください。しかし、わたしの思いではなく、み心が成るようにしてください」と繰り返し祈りました。同じルカ福音書は「イエスは苦しみもだえて、ますます切に祈られた。そして、その汗が血のしたたりのように地に落ちた」と語っています。この時も三人の弟子たちは「眠っていた」とされています。

この二つの箇所は符合します。一方は高い山であり、他方は深いケドロンの谷です。一方は光り輝くイエスであり、他方は孤独で恐れおののくイエスの姿です。しかし、同じ三人が目撃者とされ、いつも眠りへと誘われ、イエスの置かれた状態を正確には理解しません。ご変容とゲッセマネは、言わば写真のネガとポジのような関係にあります。焼き付けられた写真のように、弟子たちが実際に目撃したのは、もだえ苦しむイエスであり、自分の思いよりも、父なる神のみ旨を優先しようとしたイエスです。タボル山でのご変容は、その深い意味を示しています。そのような形でだけ、神のご意志は実現するのだ、それが聖書全体の成就なのだと。写真のネガのように、ゲッセマネの苦しみの原型は、神さまの限りない慈しみにあるのだと述べているようです。

私たちはキリストのご受難・ご復活を準備する四十日の長い準備期間に入りました。目を覆いたくなるようなイエスの受難――私たちも弟子たちのように気づかず、そこだけは寝たふりをしてやり過ごしたい気持ちになることでしょう。しかし正にそこにおいてこそ、キリストの福音、私たち一人ひとりに対する神さまの全き慈しみとゆるしの福音が完成しようとしているのです。今日の福音を心に留め、主のご受難に秘められた神さまから私たちに向けられたメッセージを見過ごすことがないようにいたしましょう。

キリストが味わわれた孤独、行き場のない苦しみ、周りからの無視あるいは悪意——それは私たちが生きる上でわが身をもって体験する苦境へとつながります。人生、山あり谷あり。喜びと苦しみは常にない交ぜになって訪れます。「いつも快調、いいこと尽くめ」という人はいません。あるいはよほどおめでたい人でしょう。私たちは生きていく中で、ちょっとした喜び、思いもしなかった幸せ、生きてきてよかったと思うような出来事と出会うことがあります。それは私たちに向けられた神さまの慈しみのみ顔です。しかし、私たちがひとりぼっちの時、難しい決断に立たされた時、生きる意味を実感できなくなる時、決着をつけないと先に進めないような時もあります。そんな時、神さまの慈しみはより強く私たちの近くにあります。自分がこの世の何かに執着できない時、神さまに祈る思いが強くなる時だからでしょう。

キリスト者はキリストに倣って生きる者です。私たちは自分の生き方の中で喜びも十字架も体験します。どちらかを選択すべきでしょうか。答えは「両方とも」です。ただ私たちにとっても、イエスと同様、十字架の方が難しい体験です。ですから、この四旬節の時期、より頻繁に意識して十字架の下にわが身を置き、そこに留まり、祈りましょう——イエスがなさったように。その時、父である神さまは私たちが思いもつかない永遠の命の賜物《たまもの》を感じ取らせてくださるだろうと思います。

キリストの受難

さて、イエスは総督の前に立たれた。総督がイエスに、「お前がユダヤ人の王なのか」と尋問すると、イエスは、「それは、あなたが言っていることです」と言われた。祭司長たちや長老たちから訴えられている間、これには何もお答えにならなかった。……群衆はますます激しく、「十字架につけろ」と叫び続けた。……ピラトはバラバを釈放し、イエスを鞭打ってから、十字架につけるために引き渡した。……彼らはイエスを十字架につけると、くじを引いてその服を分け合い、そこに座って見張りをしていた。……さて、昼の十二時に、全地は暗くなり、それが三時まで続いた。三時ごろ、イエスは大声で叫ばれた。「エリ、エリ、レマ、サバクタニ。」これは、「わが神、わが神、なぜわたしをお見捨てになったのですか」という意味である。そこに居合わせた人々のうちには、これを聞いて、「この人はエリヤを呼んでいる」と言う者もいた。そのうちの一人が、すぐに走り寄り、海綿を取って酸いぶどう酒を含ませ、葦の棒に付けて、イエスに飲ませようとした。ほかの人々は、「待て、エリヤが彼を救いに来るかどうか、見ていよう」と言った。しかし、イエスは再び大声で叫び、息を引き取られた。そのとき、神殿の垂れ幕が上から下まで真っ二つに裂け、百人隊長や一緒にイエスの見張りをしていた人たちは、……「本当に、この人は神の子だった」と言った。

（マタイ27・11－54）

今日は受難の主日。これをもってキリストの受難、死、そして復活を記念する聖週間に入ります。キリストの死と復活は一つのものとして過越《すぎこし》の秘義とされ、年間の典礼でも最も大切な記念の日々となります。とは言え、キリストの受難と十字架は復活と一緒にはできない独自の意義を持っています。今日読まれたマタイ福音書をふり返りながら、その意味するところを考えてみましょう。

ご受難の物語は、イエスの周りの人々を眺めることで分かってくることもあります。

最初に目につくのは「**祭司長たちや長老たち**」です。祭司長は、神殿での祭儀を統轄する人たちであり、同時にエルサレムの衆議所（サンヘドリン）の構成員だったサドカイ人です。長老たちは、金持ちで影響力のある信徒で、彼らも衆議所の構成員となっています。今日の福音書によれば、このユダヤ教のリーダーたちが、人々をたきつけてイエスを「十字架につけろ」と言わせます。この大衆は先ほどまで、イエスをメシアとして迎え、自分の上着などを道に敷いたのと同じエルサレムの住民です。

ピラトはどうか。福音書で見る限り、イエスに罪を見いだすことができなかった。いわば物事をきちんと判断できるインテリです。彼は入獄していた（たぶん熱心党員だったと思われる）バラバを出してきて、群衆の注意をそちらに向けようと画策するが成功しません。他の福音書を参照するとイエスを鞭打ち、ボロボロにして釈放しようとしましたが、これも成功しません。結局はイエスを死刑にし、自らは人々の前で手を洗い、これは自分の責任でないというポーズを示しました。ユダヤ人から見れば外国人、そして政治家。彼もまた事態を丸く収めるために妥協をしたということです。

次に出てくるのはローマ兵の一軍です。ローマ兵といっても、各地で募集された傭兵《ようへい》たちでしょう。彼らは、イエスに緋《ひ》のマントを着せ、葦の王笏《おうしゃく》を持たせ、頭に茨の冠をかぶせて、全員で「ユダヤ人の王に挨拶する」と叫びます。この人たちも外国人であり、単純な人たちでしょう。深い考えもなく、ストレートに残忍な気持ちを露《あら》わにし、イエスを慰み者にしています。

さらに十字架につけられたイエスのもとに「祭司長、律法学者、長老」が来て、侮辱した、と語られています。ここでは律法学者（その多くはファリサイ人だったと思われる）が加わり、衆議所を構成する三派がすべてそろっています。「他人を救っても、自分は救えない。今すぐ十字架から降りて来るなら、信じよう」と言う。イエスの福音からすれば、力を自分自身のために用いることはできなかったのです。そのようなことを彼らは理解する由もありませんでした。

このように周りの者を見ると、宗教家、政治家、大衆、兵隊などさまざまな階層の卑怯さ、残忍さ、一貫性のなさ、弱さ、妥協などが、イエスの受難の一つひとつを構成していることが分かります。キリストはすべての人の罪を担って十字架上で亡くなられたと言われます。正にここではそのことが具体的に示されています。

マタイ福音書ではピラトの妻が登場します。彼女は夫に言います。「あの正しい人と関わらないように。私は昨夜、夢でずいぶん悩まされました」と。彼女の言葉は正しい。受難物語の中で、「正しい人」（義人）はイエスただ一人なのです。イエスは周りのすべての人々の歪みや醜さを己が身に受け、最後までピュアーな者として留まったのです。

十字架上の七つの言葉などと言われます。しかし今日読まれたマタイ福音書では、キリストは一つの言葉しか発していません。「エリ、エリ、レマ、サバクタニ」。彼が最後にはすべての者から見捨てられ、それは神からも見捨てられたという実感だったのでしょう。イエスは全き孤独の中で死んでいったのです。

これが十字架です。キリスト者はこの十字架を担ってキリストについて行くようにと言われています。「あなたがたは、実に、そうするようにと召されたのである。キリストも、あなたがたのために苦しみを受け、御足の跡を踏み従うようにと、模範を残されたのである」（一ペトロ2・21）。キリスト教の最終的しるしは十字架です。そして、この十字架ほどに不条理で逃げ場のないものはありません。他のどの宗教がこのようなものを自己のシンボルとしたでしょうか。

私は長年司祭として宣教をしてきましたが、十字架が私たちの信仰のしるしであることで、他の宗教に見られない信憑性《しんぴょうせい》を示すことができました。人間の最終的問題は苦しみだと思います。苦しみに理由も根拠も筋書きもありません。私たちの信仰は、そのような現実をも飲み込むようにと諭します。先に引用したペトロの手紙では、悪いことをして苦しんでも意味がない、正しいことをして苦しむことは神の前で貴い、とも言っています。キリスト者が召されているのは、キリストのように真っすぐで妥協しない生き方です。たとえそれが苦しみと死を招いたとしても。それはたぶん純粋な形で私たちも実践できないかもしれません。でも最後までキリストを見つめ、その後に躓《つまず》きながら転びながらもついて行きたいと思います。

これから入っていく聖体祭儀は、イエスの受難の数時間前に持たれた最後の晩餐の記念です。「これはあなたがたのために、引き渡されるわたしのからだ」「これはあなたがたのために流されるわたしの血」。今日特別に感謝の心をもって、そして誠実さに留まる新たな決意を持って、このミサ聖祭を祝いましょう。

良い羊飼いは誰か

わたしは良い羊飼いである。良い羊飼いは羊のために命を捨てる。羊飼いでなく、自分の羊を持たない雇い人は、狼が来るのを見ると、羊を置き去りにして逃げる。――狼は羊を奪い、また追い散らす。――彼は雇い人で、羊のことを心にかけていないからである。わたしは良い羊飼いである。わたしは自分の羊を知っており、羊もわたしを知っている。

それは、父がわたしを知っておられ、わたしが父を知っているのと同じである。わたしは羊のために命を捨てる。わたしには、この囲いに入っていないほかの羊もいる。その羊をも導かなければならない。その羊もわたしの声を聞き分ける。こうして、羊は一人の羊飼いに導かれ、一つの群れになる。わたしは命を、再び受けるために、捨てる。それゆえ、父はわたしを愛してくださる。だれもわたしから命を奪い取ることはできない。わたしは自分でそれを捨てる。わたしは命を捨てることもでき、それを再び受けることもできる。これは、わたしが父から受けた掟である。（ヨハネ10・11－18）

私たちは復活節の中にいます。復活祭の日に洗礼を受けた方は、まだその感慨の中に留まっておられることでしょう。わたしたちは皆、とくにこの復活節の間、復活されたキリストと共に留まることにしたいと思います。

今日の福音ではキリストが、「わたしは良い羊飼いである」と語っています。この「良い」は何を意味しているのでしょうか。その対立語として、「雇い人の羊飼い」が挙げられています。「雇い人」は「羊のことを心にかけていない」。つまり自分本位で、羊を本当に気遣っているのではないということになる。「良い羊飼い」は、「自分の羊を知っており」「羊も羊飼いをよく知っている」。自分本位でなく、本気で羊を養おうとしている。「雇い人」――私たちは、この世で生き、生活の糧を得るために、何らかの意味で「雇い人」であると思う。それはそれでよい。しかし、自分の信仰においては、強制や義務感で信仰生活を実践するのでは、「雇い人の羊飼い」と同じになってしまう。信仰はいつも「本気」でないといけない。

「本気の信仰」ってどんなものなのだろう。福音は、「わたしは命を、再び受けるために、捨てる」と言っています。「一粒の麦」とか、「自分の命を救おうと思う者はそれを失い、……自分の命を失う者は、それを救うであろう」とか言われています。約《つづ》めて言えば、「生きようとすれば、死ね」「命を保とうとすれば、死んだような命になってしまう」ということになります。他のことはさておき、自分の信仰を生きるためには、自分を投げ出すくらいの覚悟が必要ということになります。これを私たちの主キリストは自らの生き様で示されました。

さて良い羊飼いです。聖書の他の箇所では、一匹の羊を求めて他の九十九匹の羊を置いて探し回る羊飼いのたとえが語られています。羊を見つけると自分の肩に担ぎ、家にまで連れて帰る、近所の者を呼び集め、大喜びで宴会をする。このたとえを最も実感をもって感じ取ったのは、四十年前の叙階式のときでした。叙階直後の挨拶のときに、自分が良き羊飼いの肩に乗せられ運ばれているように感じると述べました。今も基本的にその思いは変わりません。信仰を受けた者は、自力ではなく、キリストに担われて、キリストの業を続けるのだと思います。

今日の使徒言行録（4・8－12）で、復活の後ペトロが病人を癒やしたことについて、「この人が良くなって、皆さんの前に立っているのは、……イエス・キリストの名によるものです」と言っています。「自分の働きでなく、自分の中で働くキリストが行ってくださっているのだ」と言っているのです。そして最後にあの有名な言葉を言っています。「わたしたちが救われるべき名は、天下にイエス・キリストの名のほか、人間には与えられていないのです。」

さて、もう少し良き羊飼いの思いに留まりましょう。私たちはキリストに担われて、キリストの業を行います。しかし私たちは担われるだけでよいのでしょうか。私たち自身が、自ら周りの者を担い、自らが「良い羊飼い」となるべきではないでしょうか。私たちは「担われる羊」であるだけでなく、担う「羊飼い」でもあると思います。迷える羊、傷ついた羊は、私たちのすぐ近くにいます。それは友人、配偶者、自分の子供、あるいは普段それほどつきあいのない「隣人」かもしれません。キリストの思いをもって自分の具体的な隣人に近づきましょう。

私たちは復活節の中にいます。復活したキリストは、私たちと共に歩んでくださっています。キリストに担われ、キリストをわが身の内に担い、自らも他者を担いながら進む思いを新たにしましょう。

キリスト者の道

さて、ユダが出て行くと、イエスは言われた。「今や、人の子は栄光を受けた。神も人の子によって栄光をお受けになった。神が人の子によって栄光をお受けになったのであれば、神も御自身によって人の子に栄光をお与えになる。しかも、すぐにお与えになる。

子たちよ、いましばらく、わたしはあなたがたと共にいる。あなたがたはわたしを捜すだろう。『わたしが行く所にあなたたちは来ることができない』とユダヤ人たちに言ったように、今、あなたがたにも同じことを言っておく。あなたがたに新しい掟を与える。互いに愛し合いなさい。わたしがあなたがたを愛したように、あなたがたも互いに愛し合いなさい。互いに愛し合うならば、それによってあなたがたがわたしの弟子であることを、皆が知るようになる。」（ヨハネ13・31－33a、34－35）

ちょうど一週間前の土曜日、この大聖堂で一人のイエズス会員が叙階されました。角田佑一神父さまです。叙階式には日本各地から仲間や友人が集まり盛大に祝われました。教会にとって司祭が生まれることは大きな喜びです。式後の梶山管区長の挨拶は印象的でした。彼は、「召し出しの道を歩む人は、自分の人生を棒に振って、この道を歩き始めます。

自分の人生を棒に振ってもよいと思う人はこの中にいませんか？」と若者に問いかけ、会場の笑いを誘いました。とは言え、同じ時間帯に私は信者さんたちへの講話・ミサで、この大事な叙階式には与《あずか》りませんでした。とにかく何があろうと自分に与えられた務めを果たしていく、といった気持ちでした。パウロが言うように、「折があろうとなかろうと、福音を宣べ伝える」（二テモテ4・2参照）といった心境です。パウロに始まった福音宣教を私たちは今日においても同じ思いをもって続けています。

今日の第一朗読（使徒14・21b－27）では、バルナバと一緒にパウロが小アジア周辺をまわった、第一回宣教旅行について述べられています。パウロは日に日に信仰する人々が増えるのを喜び、感謝していますが、今日の聖書箇所の直前ではイコニオンで反対者から石を投げられ死にかけたことが語られています。パウロもまた、福音のために「人生を棒に振った」一人です。彼はフィリピの信徒への手紙で、自分が高い教養を身につけた生粋のファリサイ人であったことを述べ、「キリストのゆえに、わたしはすべてを失ったが、それらのものを、塵あくたのように思っている。それは、わたしがキリストを得るためである」（3・8）と言っています。また彼は、「生きているのは、もはや、わたしではない。キリストが、わたしのうちに生きておられるのである」（ガラテヤ2・20）とも言っています。同じ使徒言行録は、「アンティオキアで初めて、弟子たちがクリスチャンと呼ばれるようになった」（11・26）とも言っています。アンティオキアはパウロが宣教の拠点とした所です。信者は初めから、キリスト者、つまりキリストと一体となった存在と呼ばれているのです。ペトロの手紙一ではこうも言っています。「キリストは、あなたがたのために苦しみを受け、御足の跡を踏み従うようにと、模範を示されたのである」（2・21）と。このような精神は、フランシスコ・ザビエルにも、長崎・五島の信者にも、今この教会で叙階を受けた新司祭にも、脈々と受け継がれています。この中にはこの復活祭に洗礼をお受けになった方々もいらっしゃるかと思います。皆さんが、どれほど大きな恵みへと、また生き方へと召されたかをもう一度確認していただきたいと思います。

第二朗読（ヨハネの黙示録21・1－5a）では、私たち信仰者がたどり着く終着点、天国について語られています。黙示録は、これを天から下ってくる「新しいエルサレム」と述べています。神ご自身の声が響きます。「見よ、神の幕屋が人の間にあって、神が人と共に住み、人は神の民となる。神は自ら人と共にいて、その神となり、彼らの目の涙をことごとくぬぐい取ってくださる。もはや死はなく、もはや悲しみも嘆きも労苦もない。最初のものは過ぎ去ったからである」（黙示録21・3－4）。この世の生を終えた者の行き着くところ――それはまず、神と人とが共に留まる幕屋である。そして、第二にそこではこの世にあったすべての否定的な経験は何一つない。死がない、苦しみも悲しみもない。神ご自身が、人の目からすべての涙をぬぐい取ってくださるからです。私たちはこの永遠の楽園に向けて旅する民です。励まし合い、助け合ってこの世の旅路を日々歩んで行きましょう。

この地上での生きる唯一の基準、それを福音は教えてくれます。今日の福音は「キリストの告別説教」と呼ばれています。父である神さまのもとに帰るキリストが、地上に残る弟子たちのことを思い、彼らに与えた説教だからです。そのような場でイエスは言います。「あなた方に新しい掟を与える。互いに愛し合いなさい。わたしがあなたがたを愛したように、あなたがたも愛し合いなさい」と。この「愛」という唯一の掟、それがなぜ「新しい」のだろうか。「互いに愛し合う」とは、今現在の私たちの生活環境において、どのような思いであり行動なのだろうか。これらの多くの問いの答えは、お一人ひとりでお考え願います。いずれにしても、キリストは、この「愛」がキリスト者であることの唯一のしるしであると明言しておられます。

三位一体の神

さて、十一人の弟子たちはガリラヤに行き、イエスが指示しておかれた山に登った。そして、イエスに会い、ひれ伏した。しかし、疑う者もいた。イエスは、近寄って来て言われた。「わたしは天と地の一切の権能を授かっている。だから、あなたがたは行って、すべての民をわたしの弟子にしなさい。彼らに父と子と聖霊の名によって洗礼を授け、あなたがたに命じておいたことをすべて守るように教えなさい。わたしは世の終わりまで、いつもあなたがたと共にいる。」（マタイ28・16－20）

私の家族で最後に洗礼を受けたのは兄でした。彼は三年半ほど前に亡くなりましたが、ずっと絵描きを通しました。絵描きを馬鹿にする言い方は「ペインター」であり、正当に評価するときは「アーティスト」と言う、などと言っていました。さて、兄が洗礼を受ける時、私に次のように言いました。「神が三位一体である」という教えは、人間の頭から出てくる考えではない。だから、信じる、と。兄の言ったことは、ある意味本質を突いていたと思います。

今日読まれた三つの聖書箇所を見てみましょう。申命記（4・32－34、39－40）は、モーセ五書を総括するような律法の書です。今日の朗読箇所では天地を創造された神は、それだけでなく、一つの神の民を選び、導き、守り、約束の地にまで導いた、真に力ある神であると述べています。ローマの信徒への手紙（8・14－17）では、パウロは、神の霊、すなわち聖霊を受け、それによって導かれている者は、「すべて」神の子であるとしています。それはキリストが父の御子であるのと全く同じ意味で「父の子」なのだと。その証拠に、私たちはキリストと全く同じ信頼をもって「アッバ、父よ」と神さまに呼びかけることができるではないかと言っています。ここでは、神はただ「力ある神」であるばかりではなく、「パパ」とでも呼びかけ、全く子供のような信頼を向けることのできる方であるとされています。その際、これを教えてくれたのはイエス・キリスト以外の誰でもないこと、そしてそれを、いわば実存的に可能にしてくれているのは聖霊の働きであるとしているのです。ここでは、父なる神・御子イエス・キリスト・命の霊が、解きがたく、私たちの内に働いていることが言われてます。

最後にマタイ福音書の一番最後の箇所が読まれました。神に対する信頼、御子キリストの教えの確かさ、それを実感させてくれる聖霊。だから復活のキリストは言います。「すべての民を私の弟子としなさい」と。文字通り「あらゆる人々」です。そしてそのしるしとして「父と子と聖霊の名によって洗礼を授けなさい」と言っています。

キリストは神さまからのメッセージを人にもたらしました。そのメッセージとは、結局神ご自身についてです。神から（例外なく）すべての人へとあてたメッセージ――だから、歴史を通して、教会はいわば「地の果てまで」遣わされて福音を告げているのです。さもなければこの東京の真ん中にあるイグナチオ教会もなければ、私たちが集まっている今のミサもないことでしょう。復活したキリストの最後の言葉は、「私は世の終わりまで、いつもあなたがたと共にいる」です。「世の終わりまで」――だから、今この時もキリストはこの場に共に留まってくださっているわけです。

キリストのメッセージは神ご自身の命の交わりを私たちに提供することです。私たちはキリストによって、御子と同じ聖霊の交わりを感じ取り、キリストと共に父なる神へと心を向けます。たとえば今日のミサには三つの祈願文があります。集会祈願を例に取ってみましょう。必ず呼びかける相手は、「父なる神」です。そして「聖霊の交わり」において、つまり神さまの生命そのものを内に感じながら呼びかける。そして結びは、「私たちの主イエス・キリストによって」――つまり、キリストと共にこの祈りを唱えます、と言います。語りかける相手はいつも「父なる神」、それを実感させてくれるのは聖霊、それを保証してくれるのは御子キリストです。

このように見るとき、三位一体は、信仰の対象というよりも、私たちの信仰の構造そのものといった方がよさそうです。私は時として、「父は隠れたる神」、子は「見、聞き、感じ取れる神」、そして聖霊は「生かす神」であると言っています。すると、信仰するということは、いわば父と子と聖霊を信じるというより、父と子と聖霊に（それぞれ別の次元で）囲まれ包まれていることなのだと思います。

「三位一体の神ってよく分からない」という方がおられます。分かる必要はないのではないかと思います。「神さまが、ようく分かった」と言える人のほうがおかしいと思います。私はこの三十年来、信仰入門講座をずっとしています。しかしそこでは、ほとんど三位一体の教義については話しません。しかし聖書はよく読みます。そこには常に、天地の創造主、全能の父、私たちを根底から支え導いてくださる神について語られます。イエス・キリストが神から遣わされた神の子であることが言われています。そのことを私たちに実感させてくださる聖霊の働きについて随所に語られています。それ以上の小理屈は必要ないのだと思います。

「隠れたる神」「つかめる神」「生かす神」。私たちの信仰のあり方そのものが三位一体的である――それで十分だと思います。

嵐を鎮めるキリスト

その日の夕方になって、イエスは、「向こう岸に渡ろう」と弟子たちに言われた。そこで、弟子たちは群衆を後に残し、イエスを舟に乗せたまま漕ぎ出した。ほかの舟も一緒であった。激しい突風が起こり、舟は波をかぶって、水浸しになるほどであった。しかし、イエスは艫《とも》の方で枕をして眠っておられた。弟子たちはイエスを起こして、「先生、わたしたちがおぼれてもかまわないのですか」と言った。イエスは起き上がって、風を叱り、湖に、「黙れ。静まれ」と言われた。すると、風はやみ、すっかり凪《なぎ》になった。イエスは言われた。なぜ怖がるのか。まだ信じないのか。」弟子たちは非常に恐れて、「いったい、この方はどなたなのだろう。風や湖さえも従うではないか」と互いに言った。（マルコ4・35－41）

最後に聖地イスラエルに行ったのは、すでに十年以上前のことです。三月後半、イスラエルは雨季の後でアネモネなどが咲き誇る最も美しい季節のはずでした。ところがその年は異常気象か、風が吹き雨が降り、しまいには雪さえ降りました。ガリラヤの山上の説教の丘でミサをした時も、御聖体がチボリウムの中で渦巻いていたほどに風が強い日でした。

私たち一行三十名ほどは、ガリラヤ湖の船に乗り込みました。風の強い中を進む中、恐れていたことが起こりました。一緒に行った信者さんの一人が、私に「キリストのように風に静まれと言ってください」と言ったのです。私はちょっとすねてただ黙っていただけでした。

でも今日の福音箇所は、最も聖書らしい箇所だと思っています。イエスが乗った船、彼を囲む弟子たち。それは運命共同体として外の荒波にもてあそばれている。そこでイエスは「眠っている」。弟子たちの動転、「われわれがおぼれてもいいのですか?」イエスは起き上がる。湖に命じる「黙れ。静まれ」。風が止み、凪《なぎ》になる。イエスは弟子たちを叱る。「なぜ恐れるのか。まだ信じないのか」。人の心だけではなく、自然の力をも支配する彼の力。弟子たちはイエスに畏敬の念をいだいた。

私たちは初代教会の頃から「クリスチャン」、つまりキリストと一体の者と呼ばれていました。その原型はペトロと十二弟子です。ペトロはイエスの船の中で大漁を目の当たりにして「主よ、わたしから離れてください。わたしは罪深い者です」と述べる。しかしイエスは彼に「人を漁《すなど》る者にする」と言う。イエスが水上を歩くのを見て、自分も船から出て歩もうとした。すると水がペトロの足をすくい、沈みそうになる。イエスは手をさしのべて言う。「信仰の薄い者よ、なぜ疑ったのか」と。

イエスと弟子たちの船、それは最初から私たち教会の象徴となりました。今も変わりません。今日、ここでこの聖堂に集まっている人たち、それがイエスの船です。ある人はこの聖堂に入ると、かえって自分の罪深さを感じるかもしれません。ある人は、家族のことでしょうか、職場のことでしょうか、自分の体調のことでしょうか、現実の重みを抱えてペトロのように沈みそうに感じているかもしれません。そのたびにイエスの声が聞こえます――「信仰の薄い者よ、なぜ疑ったのか」。福音書で弟子たちのトレードマークは「オリゴピストイ」、つまり「小さな」というか「矮小《わいしょう》な信仰」という意味です。ちっぽけだけど信仰がないわけではない。ただ現実の試練が訪れる時、くじけそうになるのです。

そう言えば、あるときイエスの言うことがとても難しいとして、ほとんどの弟子たちが離れていったという話があります。そのときイエスは十二弟子に訊《き》きます――「あなたがたも去ろうとするのか」。ペトロは答えます。「主よ、わたしたちは、だれのところに行きましょう。永遠の命の言葉をもっているのはあなたです」と。

キリスト教は御利益宗教ではありません。ほかの人たちと同じように試練に遭い、困難を体験します。しかしキリストに信頼し、彼に任せます。「主よ、あなたをおいて誰のところに行きましょう」。キリストだけが、私たちを導き、命へと導いてくださるかたです。他のどこにもそのような存在はありません。

こんな話もあります。キリストに従おうとして挫折した人を見て、ペトロは言います。「見てください、わたしたちはいっさいを捨てて、あなたに従ってまいりました」と。イエスはこれに対して次のように言います。「よく聞いておくがよい。だれでもわたしのために、また福音のために、家、兄弟、姉妹、母、父、子、もしくは畑を捨てた者は、必ずその百倍を受ける。すなわち、今この時代では家、兄弟、姉妹、母、子および畑を迫害と共に受け、また、きたるべき世では永遠の生命を受ける」と。

「迫害と共に」。困難が取り去られるのではない。しかし、すでにこの世で捨てたものの百倍を受ける。私たちの本当の幸せは、苦しみも試練もないような、だれた幸せではありません。あらゆる試練・運命・困難の奥に与えられる揺るぎない安心感、これがキリストの平和でしょう。キリストに留まりましょう。キリストの船に留まりましょう。

パンの奇跡

その後、イエスはガリラヤ湖、すなわちティベリアス湖の向こう岸に渡られた。大勢の群衆が後を追った。イエスが病人たちになさったしるしを見たからである。イエスは山に登り、弟子たちと一緒にそこにお座りになった。ユダヤ人の祭りである過越祭が近づいていた。イエスは目を上げ、大勢の群衆が御自分の方へ来るのを見て、フィリポに、「この人たちに食べさせるには、どこでパンを買えばよいだろうか」と言われたが、こう言ったのはフィリポを試みるためであって、御自分では何をしようとしているか知っておられたのである。フィリポは、「めいめいが少しずつ食べるためにも、二百デナリオン分のパンでは足りないでしょう」と答えた。弟子の一人で、シモン・ペトロの兄弟アンデレが、イエスに言った「ここに大麦のパン五つと魚二匹とを持っている少年がいます。けれども、こんなに大勢の人では、何の役にも立たないでしょう。」イエスは、「人々を座らせなさい」と言われた。そこには草がたくさん生えていた。男たちはそこに座ったが、その数はおよそ五千人であった。さて、イエスはパンを取り、感謝の祈りを唱えてから、座っている人々に分け与えられた。また魚も同じようにして、欲しいだけ分け与えられた。人々が満腹したとき、イエスは弟子たちに、「少しも無駄にならないように、残ったパンの屑を集めなさい」と言われた。集めると、人々が五つの大麦パンを食べて、なお残ったパンの屑で、十二の籠がいっぱいになった。そこで、人々はイエスのなさったしるしを見て、「まさにこの人こそ、世に来られる預言者である」

と言った。イエスは、人々が来て、自分を王にするために連れて行こうとしているのを知り、ひとりでまた山に退かれた。（ヨハネ６・１－15）

今日の福音を次のように解釈する聖書学者がいます。ありあまるパンで五千人の人を満足させた出来事の発端は、大麦のパン五つと魚二匹を持っていた少年です。この少年は自分が持っていたパンと魚を、他の人たちと一緒に食べようとして差し出した。もちろんそれは五千人全員を養う量ではなかったでしょう。しかし、これに触発されて、他の大人たちも自分で食べようとして持っていたパンを出してきた。結局人々は全員満足し、残ったパンでさえ十二の籠いっぱいになった。つまり、特に不思議なことが起こったというよりも、一人の少年のお陰で、皆の心根が変化したのだという。

福音書で五回も報じられ、ガリラヤでのイエスの宣教の総括ともされるパンの奇跡を、このように言わば「合理的に」説明してしまうだけでよいのか、という疑問もとうぜん起こってきます。事実がどうであったかはさておき、この解釈には何か福音の本質を突く魅力が感じられます。自分のことしか考えられない人のさがが、周りをおもんばかる心根へと転じる。このこと自体が、表面的現象を越える奇跡なのではないか、と言われているようです。

こんな話があります。地獄はごちそうがいっぱい並んだ食卓を囲む人たちのようだというのです。でも、彼らは目の前のごちそうを食べることができません。なぜなら、彼らの持っている箸は、とても長く、それでどうしても食べ物を自分の口に運ぶことができないからです。さて、天国もごちそうが並んだ食卓だとされます。それを囲む人たちは同じように長い箸を持っています。状況は地獄と変わりません。しかし皆おなかいっぱい食べて満足しています。なぜなら、各人は自分の箸で遠くにいる人の口に食べ物を運んでいたからです。

このような話はキリストの福音の本質を語っています。福音は複雑なものではありません。一言で言えば、人を自分のように大切にしなさい、ということです。自分のことばかり考えて生きていると何も残らない。そのような人には人間としての魅力も生まれない。逆に、他人のために身をささげるような生き方をする人からは、命の輝きが出てくる。

次のキリストの言葉に耳を傾けましょう。「自分の命を救おうと思う者はそれを失い、わたしのため、また福音のために、自分の命を失う者は、それを救うであろう」（マルコ8・35）。生きようとしたら死ぬ、死ねば生きる。要するに、死んで生きよ、と言っているのです。イエスの言葉は続きます。「人が全世界をもうけても、自分の命を損したら、なんの得になろうか。また、人はどんな代価を払って、その命を買いもどすことができようか」（同8・36－37）。「自分の命」―聖書はプシュケー（psyche）と言う言葉を使っています。言わば「魂」です。「魂まで売り渡す」などといった言い方もあります。自分の人間の尊厳、この私が生きていることの意味、それは他の何物によっても買うことができません。「どんな代価を払って、その命を買いもどすことができよう」。自分の魂は一回売り払ってしまうと、お金や才能、あるいは自分の社会的地位や権限など、この世のどんなものでも買いもどすことができるようなものではないと言っているのです。

キリストはその告別説教で次のように言っています。「わたしは、新しいいましめをあなたがたに与える、互に愛し合いなさい。……互に愛し合うならば、それによって、あなたがたがわたしの弟子であることを、すべての者が認めるであろう」（ヨハネ13・34－35）。キリスト者の最終的しるしは、十字を切ることでもなければ洗礼を受けることでもない。他者を愛すること、日々の生活の中で周りの者への愛を示すこと、これだけが「キリストの弟子」の唯一の証しであると言われているのです。

このことは、一種の「気づき」です。皆さんはアンデルセンの「醜いアヒルの子」をご存じでしょう。何匹かのアヒルの子の中に、一匹だけ灰色で図体《ずうたい》の大きいヒナがいた。周りから、「おまえ変だ」「不格好だ」と言われ、自分でも自信を失い、落ち込んでいました。ある日、この子は気づきます。「自分はアヒルではなくて、白鳥だったのだ」と。こうして成長した白鳥の子は大空高く舞い上がっていきます。飛べないアヒルたちのはるか上を。私たちにも「醜いアヒルの子」のような気づきが必要です。私たちには単なる世間体に縛られた業を越える、大空高く飛翔するような「神の子」にふさわしい愛がふさわしいのです。ワンランク上の愛を生きましょう。

叩け、探せ、求めよ！

イエスはある所で祈っておられた。祈りが終わると、弟子の一人がイエスに、「主よ、ヨハネが弟子たちに教えたように、わたしたちにも祈りを教えてください」と言った。そこで、イエスは言われた。「祈るときには、こう言いなさい。

『父よ、
御名が崇められますように。
御国が来ますように。
わたしたちに必要な糧を毎日与えてください。
わたしたちの罪を赦してください、
わたしたちも自分に負い目のある人を
　皆赦しますから。
わたしたちを誘惑に遭わせないでください。』」

また、弟子たちに言われた。「あなたがたのうちのだれかに友達がいて、真夜中にその人のところに行き、次のように言ったとしよう。『友よ、パンを三つ貸してください。旅行中の友達がわたしのところに立ち寄ったが、何も出すものがないのです。』すると、その人は家の中から答えるにちがいない。『面倒をかけないでください。もう戸は閉めたし、子供たちはわたしのそばで寝ています。起きてあなたに何かをあげるわけにはいきません。』しかし、言っておく。その人は、友達だからということでは起きて何か与えるようなことはなくても、しつように頼めば、起きて来て必要なものは何でも与えるであろう。

そこで、わたしは言っておく。求めなさい。そうすれば、与えられる。探しなさい。そうすれば、見つかる。門をたたきなさい。そうすれば、開かれる。だれでも、求める者は受け、探す者は見つけ、門をたたく者には開かれる。あなたがたの中に、魚を欲しがる子供に、魚の代わりに蛇を与える父親がいるだろうか。また、卵を欲しがるのに、さそりを与える父親がいるだろうか。このように、あなたがたは悪い者でありながらも、自分の子供には良い物を与えることを知っている。まして天の父は求める者に聖霊を与えてくださる。」（ルカ11・1－13）

今日の第一朗読（創世記18・20－32）をご覧ください。アブラハムは神さまと面と向かって交渉をしています。ソドムとゴモラを滅ぼそうとする神に対して譲歩を引き出し、遂に十人の正しい人がいたらこれらの町を滅ぼさないとの約束を、神さまから引き出します。旧約聖書は主である神が導く民族の歴史を語ります。しかし人間の側から直接神さまと対《たい》峙《じ》し、神さまの行動に注文をつけ、譲歩を引き出すというのは、この箇所以外見当たらないように思います。

福音に目を移すと、このアブラハムの態度を彷彿《ほうふつ》とさせるイエスの教えが語られています。イエスは真夜中に隣人にパンを借りに行く人の譬《たと》えを話しています。ちょっとその状況を想像してみましょう。当時の家はふつう、土を塗り固めた一間の造りでした。そこに仕事道具も食器も寝具もすべて置いてあります。寝るとなると他のものを脇に片付け寝具を広げて家族が一緒に横になります。灯火を落とし真夜中ともなれば家の中も真っ暗です。「面倒をかけないでくれ。もう戸は閉めたし、子供たちはそばで寝ている」。こんな闇の中で脇にしまってあるパンを探そうとすれば、子供を踏みつけ、物をひっくり返すことになりかねません。こんな状況を前提として、それでもイエスは迷惑承知で隣家を叩き続けろと言っています。「その人は、友達だからというのではなくても、しつように頼めば、起きてきて必要なものは何でも与えるであろう」と。どういったわけがあろうと、結果が第一、三つのパンを得るためにとことんやりなさい、といった話になります。

さてその次を見ると、これが神さまに対する態度、祈るときの人の姿勢であると言っているのです。求めよ、そうすれば与えられる。探せ、そうすれば見つかる。門を叩け、そうすれば開かれる。一応お願いしてはみましたとか、一通り探してはみたのですが、といった態度ではありません。他の所でも一枚の銀貨をなくした女は「家中を掃く」といっているではありませんか。どんどん向こうが嫌がるほど扉を叩く。神さまが「うるさいなあ」と思うまで願えというのです。そうすれば必ず聞き届けられると。

皆さん、祈りの中でこれほど「しつこく」求め、願い続けたことがありますか。私たちの切実な願いや思いは通常漠然としたものではなく、自分の生の真っただ中で起こってくるものです。もう少し自分に合った仕事に就きたい、この持病が和らぐように、わが子と心を通わせたい。あるいは、私のひねくれた性格を何とかしたい、ついつい困難を避けて立ち向かえない弱さを直したい、悪い仲間と縁を切りたい。いくらでもあるのですが、自分の中から起こってくる願いは、常に具体的であり、自分がかかっています。さらにこうした願いは、通常、一度願ったらすぐに解決するといったものでなく、何度願っても変わらない頑固な現実である場合がほとんどです。それでもイエスは私たちに教えます。叩き続けよ、求め続けよ、探し続けよ、と。

「あなたがたは悪い者でありながらも、自分の子供には良い物を与えることを知っている。まして天の父は求める者に聖霊を与えてくださる」。先ほどの譬え話では、隣の「友人」でしたが、あなたがたが願う方は、「あなたがたの天の父」である、とキリストは言います。親はどんな子でもできうる限りのことをしようとする。それがあなたがたの主、天の父であると言っているのです。

今日の福音の始めで、弟子は「主よ、ヨハネが弟子たちに教えたように、わたしたちにも祈りを教えてください」と言っています。そしてイエスはこれに応えて「主の祈り」を教えています。その祈りの最初の言葉は、「父よ」です。ある聖書学者は、初期教会の信者は、この祈りを「アバ」つまり「パパ」という言葉で始めたと言います。どれほどの信頼、安心を込めてキリスト者はこの祈りを唱えてきたことでしょう。これがキリスト教独自の祈りです。そこでは、日々の食物も、自分の内面の罪のゆるしも、すべてを子の信頼で求めます。今日読まれた福音の後半はすべて、この「主の祈り」についての説明です。そこでたとえすぐに聞き入れられることがなくとも、現実が願いどおりに進まなくても、キリスト者である私たちは、求め続け、探し続け、叩き続けましょう。今の時代、このように祈る相手がいることは大きな恵みです。その姿勢は死の時まで続くかもしれません。キリストもゲツセマネに至るまで求め願い続けました。

いつも忘れてはならないこと――それは、私たちが祈り続ける相手は「私の父」である神さまであるということです。

あなたがたも去って行きたいのか

ところで、弟子たちの多くの者はこれを聞いて言った。「実にひどい話だ。だれが、こんな話を聞いていられようか。」イエスは、弟子たちがこのことについてつぶやいているのに気づいて言われた。「あなたがたはこのことにつまずくのか。それでは、人の子がもといた所に上《のぼ》るのを見るならば……。命を与えるのは〝霊〟である。肉は何の役にも立たない。わたしがあなたがたに話した言葉は霊であり、命である。しかし、あなたがたのうちには信じない者たちもいる。」イエスは最初から、信じない者たちがだれであるか、また、御自分を裏切る者がだれであるかを知っておられたのである。そして、言われた。「こういうわけで、わたしはあなたがたに、『父からお許しがなければ、だれもわたしのもとに来ることはできない』と言ったのだ。」このために、弟子たちの多くが離れ去り、もはやイエスと共に歩まなくなった。そこで、イエスは十二人に、「あなたがたも離れて行きたいか」と言われた。シモン・ペトロが答えた。「主よ、わたしたちはだれのところへ行きましょうか。あなたは永遠の命の言葉を持っておられます。あなたこそ神の聖者であると、わたしたちは信じ、また、知っています。」（ヨハネ6・60－69）

一九五〇年代から七〇年代にかけて、日本には大量の宣教師が遣わされました。ほとんど欧米、つまりヨーロッパ各国と北アメリカからです。これは当時の宣教の状態を考えても特別のことでした。各修道会・宣教会、さらには教皇さまも日本への宣教に力を入れるように奨励したからです。なぜでしょうか？　少なくとも一つの動機として、この機会に日本を一気にキリスト教国にしようという意向が働いていたのではないでしょうか。一九四五年の終戦と共に国家神道は廃止され、新憲法は信教の自由を打ち出し、欧米並みの民主主義体制が敷かれました。日本人のほとんどは、それまでの軍国主義にこだわることなく、新体制に順応しました。伝統的キリスト教の国、欧米の教会は、日本は神道にこだわっているわけではない、むしろキリスト教を歓迎するのではないかと考えたのでしょう。しかし、彼らの思惑は外れました。日本人は神道あるいは仏教にこだわることはありませんでしたが、神社仏閣は決しておろそかにされることなく、多くの日本人の心のふるさとのようにしてそのまま残ったのです。

今、私は長年指導してきたドクター論文を読んでいます。その中で著者は一九四七年から一九七〇年にかけて来日した十四名の欧米宣教師をインタビューし、内容分析をしています。そこで表れてくる一般的傾向は、来日当初の宣教師の想いが、日本人に触れることで少しずつ変化していることでした。その気づきの中心は、日本人の心情の美しさ、善良さ、細やかさです。キリスト教に縁のない人々が、ある意味キリスト教徒よりも善い心根を持っている。そのことに気づいた宣教師たちは、できるだけ多くの人に洗礼を授けるといった最初の意向から、信者になろうとなるまいと日本の人々とより深く関わり、互いに育み合おうといった姿勢へと変わっていきます。私もこのようなことは、これまで知らなかったことで、今回この論文を読んで習ったことです。要するに、戦後以来の「日本を一気にキリスト教化する」という当時の考え方は、現実とは異なっていたということになります。それでは、洗礼を受けてキリスト者となった私たちは何なのでしょうか。

ここで、今日の福音にヒントがあるように思います。この福音箇所の手前で、イエスは自分こそ天からのマンナであるとしています。「わたしは天から下ってきた生きたパンである。それを食べる者は、いつまでも生きるであろう」。そこで今日の福音につながります。「実にひどい話だ。誰が、こんな話を聞いていられようか」。そして「弟子たちの多くが離れ去り、もはやイエスと共に歩まなくなった」。そこでイエスは十二弟子にも聞きます、「あなたがたも離れて行きたいか」。ペトロが答えます。「主よ、私たちは誰のところへ行きましょうか。あなたは永遠の命の言葉を持っておられます」と。また、こうも言います、「（そのことを）私たちは信じ、また知っています」と。

今日の第一朗読ヨシュア記（24・1–2a、15–17、18b）にも似た状況が語られています。モーセに代わって約束の地に入ったヨシュアはイスラエル民族の一人ひとりに言います。

「もし主に仕えたくないというならば」「あなたたちの先祖が仕えていた神々でも、あるいは……アモリ人の神々でも、仕えたいと思うものを、自分で選びなさい」。そしてヨシュアは言います、「ただし、私の家は主に仕えます」と。

今、私たちもヨシュアに問われているかもしれません。「あなたがたの先祖が仕えていた神々に仕えたいなら、自分で選びなさい」と。あるいはイエスから語りかけられているかもしれません、「あなたがたも去って行きたいのか」と。

他の人々がどうであれ、私たちはキリストが神の独り子であり、私たちに慈しみの福音を与えられた方であることを、信じ、かつ知っています。唯一で真実の神とは、イエスが父として全面的に信頼すべきであると教えられた方であると信じています。ヨハネは言います、「永遠の命とは、唯一の、まことの神でいますあなたと、また、あなたがつかわされたイエス・キリストとを知ることであります」（17・3）と。本当の神が、二人も三人もいるわけがありません。私たちはキリストが説いた父なる神を信じます。人の正しい生き方は、愛とゆるしの生き方以外にありません。キリストの福音は、この愛の生き方に約《つづ》められます。このことは、生きている人すべてにとっての真実です。私たちはそれを明確な形で信じ、宣言しています。ですから、私たちはこの世にあって、世の光・地の塩として、あるいはこの世のパン種として、すべての人に福音を証ししていきたいものです。

末席に座りなさい

安息日のことだった。イエスは食事のためにファリサイ派のある議員の家にお入りになったが、人々はイエスの様子をうかがっていた。イエスは、招待を受けた客が上席を選ぶ様子に気づいて、彼らにたとえを話された。「婚宴に招待されたら、上席に着いてはならない。あなたよりも身分の高い人が招かれており、あなたやその人を招いた人が来て、『この方に席を譲ってください』と言うかもしれない。そのとき、あなたは恥をかいて末席に着くことになる。招待を受けたら、むしろ末席に行って座りなさい。そうすると、あなたを招いた人が来て、『さあ、もっと上席に進んでください』と言うだろう。そのときは、同席の人みんなの前で面目を施すことになる。だれでも高ぶる者は低くされ、へりくだる者は高められる。」また、イエスは招いてくれた人にも言われた。「昼食や夕食の会を催すときには、友人も、兄弟も、親類も近所の金持ちも呼んではならない。その人たちも、あなたを招いてお返しをするかも知れないからである。宴会を催すときには、むしろ、貧しい人、体の不自由な人、足の不自由の人、目の見えない人を招きなさい。そうすれば、その人たちはお返しができないから、あなたは幸いだ。正しい者たちが復活するとき、あなたは報われる。」（ルカ14・1、7－14）

キリストは、たいてい「徴税人や罪びとたち」と食卓を囲んだと言われています。しかし今日の福音では「ファリサイ派のある議員の家」に招待されています。ファリサイ派といえば、掟を隅々まで忠実に守り、人々の模範となるような宗教家でした。彼の場合「議員」とあるので、七十人で構成する最高法院の一員でもあり、いわば選《え》りすぐりの〝エリート〟であったと言えるでしょう。そこに招かれた人々も、招待した人に劣らず、経済的にも政治的にも強い影響力を持つ、サドカイ派の高級祭司や長老と呼ばれる財界人などだったと思われます。

その家に入ったイエスは、「招待された客たちが上席を選ぶ様子に気づいた」とあります。彼らはたぶん、ごく自然な振る舞いで上座につき、自分でもそのくらいの位置にはあるはずだと思っていたことでしょう。イエスは、「自分は相当な者」と思い込んでいる一人ひとりを見て、その〝クササ〟に呆れたようでした。そして譬《たと》え話を語ります。「婚宴に招待されたら、上席についてはならない。」もっと身分の高い人が来れば、恥をかいて引き下がらなければならない。むしろ末席につけばよい。そうすれば招待主から彼に、「もっと上席に進んでください」と言われ、皆の前で面目をほどこす。「だれでも高ぶる者は低くされ、へりくだる者は高められる。」こんな話はそれほど珍しいものでもなく、あちこちの〝サロン的〟会合で、今もよく見られるのではないでしょうか。

招待した人も、こんなつばぜり合いのような集まりに少々うんざりしていたことでしょう。イエスはこの人にも忠告します。この手の人たちのために昼食会や夕食会をするのはほどほどにした方がよい。どうせ彼らもあなたを招き返し、また同様なケチな上位争いが水面下で繰り返される。あなたもこんな肩の凝る不毛な駆け引きには飽き飽きしたでしょう。そこでイエスは言います。いっそ「宴会を催すときには、貧しい人、体の不自由な人、足の不自由な人、目の見えない人を招きなさい。そうすれば、その人たちはお返しができないから、あなたは幸いだ」。そのとき、あなたも何か意味あること、価値あることをしていることになる、と。これはイエスが自分で普段していたことです。

さて、ちょっと別のお話をします。ちょうど一カ月前、イエズス会の総会長から一枚の手紙が全会員に届きました．総会長とはローマに居るイエズス会員の最高責任者です。ちなみにイエズス会員は全世界の百十二カ国におよそ一万数千人います。手紙は、中近東諸国（つまり北はトルコから南はスーダン、東はアフガニスタンから西はモロッコという広大なアラブ地域です）において数多くの男女や子供が苦難を被っているという事実を指摘しています。その上で、誰でもこの地域で長期的に働く決意がある会員は、中近東の管区長に申し出るようにと呼びかけています。つまり会や管区の方針といったものでなく、「一人ひとりのイエズス会員が自分で考え、自分の道だと思えば、決断して申し出よ」と言っているのです。

このような呼びかけに応えることは生半可な気持ちではできません。現地の人々同様に、場合によってそこで命を落とす危険をも含んでいます。年齢的に考えても、自分の傾向から考えても、私はこうした使命に適していないと思います。しかしこの総会長の簡単な手紙に応えて、相当数のイエズス会員が志願するのではないかと思います。手紙には連絡先のメールアドレスが記載されています。この呼びかけがどのように展開するのかは、今のところまだ分かりません。

この総会長の手紙は、聖書の時代とは違った現代のグローバルな世界におけるチャレンジを示しています。ここには自分の立場をちょっとでも優位に置こうとする虚栄や、返礼を期待して行動に出る〝山っ気〟などの入り込む余地はありません。「その人たちはお返しができないから、あなたたちは幸いである」。力の均衡を求める政治、経済的優位を争う経済活動によって動いている今の世界にあっても、キリストの精神は生き続けています。福音の呼びかけは健在です。私たちキリスト者は、キリストに倣い、キリストに従って行くと決めた者です。決して非現実的ではなく、自分の置かれた場、自分に課された課題の中で、福音を身に帯びて生きていきたいものです。

王であるキリスト

そこで、ピラトはもう一度官邸に入り、イエスを呼び出して、「お前がユダヤ人の王なのか」と言った。イエスはお答えになった。「あなたは自分の考えで、そう言うのですか。それとも、ほかの者がわたしについて、あなたにそう言ったのですか。」ピラトは言い返した。「わたしはユダヤ人なのか。お前の同胞や祭司長たちが、お前をわたしに引き渡したのだ。いったい何をしたのか。」イエスはお答えになった。「わたしの国は、この世には属していない。もし、わたしの国がこの世に属していれば、わたしがユダヤ人に引き渡されないように、部下が戦ったことだろう。しかし、実際、わたしの国はこの世には属していない。」そこでピラトが、「それでは、やはり王なのか」と言うと、イエスはお答えになった。「わたしが王だとは、あなたが言っていることです。わたしは真理について証しをするために生まれ、そのためにこの世に来た。真理に属する人は皆、わたしの声を聞く。」（ヨハネ18・33b－37）

今の時代に「王」は、ほとんど死語になっています。にもかかわらず、教会は今日「王であるキリストの祝日」を祝います。まだ、私たちにとってこの日は何かの意味を持っているのでしょうか。

長い歴史の中で、多くの時代、人々は王を持ってきました。今の時代にも王はいます。英国をはじめ、ベルギー・スペイン・タイ・カンボジア・サウジアラビア・スウェーデンなど二十八カ国だそうです。そして日本の天皇も君主であり王です。しかし、昔の王たちと比べれば、現代の王は象徴的な意味しかないように思えます。

王は意味合いを失ってきていますが、権力者というものはいつも存在しています。それは財閥であったり、某国の大統領であったり、一代で富を築いた者であったりします。また、石油王とか喜劇王といった表現もあります。

でも、やはり結局、現代に王という言葉は現実的響きを持ちません。あるいは違和感があります。一人ひとりが自由であり、誰かに規制されて生き、行動するということに違和感があるからです。今、問題になっているのは逆の危機です。権威の危機といわれるものです。親の権威にはじまり、教育、道徳、宗教、政治など。それぞれの分野での基準というものが、今日崩壊していると言われています。誰が私を導いてくれるのでしょうか。父母か、配偶者か、教師か、親友か、あるいは神父か。確かに自分を囲む人々はある程度自分の自己決定・自己形成に影響を与え、生きていく助けとなることでしょう。それでも他者はしょせん他者です。最終的に自分の生は自分が決定し、切り開くよりないでしょう。こうした現代の状況を、あるドイツの女性社会学者は「父性なき社会」と呼んでいます。

今日の主日にあらためて注目してみましょう。人の子の永遠の支配を語るダニエル書（7・13－14）。ヨハネの黙示録（1・5－8）は、ダニエル書の人の子とはイエス・キリストであるとし、すべての人々を父なる神のもとに導き、救われる方であるとしています。先週は、終末の到来、真実における審判、天における永遠の喜びが語られました。今日はこの終末の過程においてすべてを取り仕切る方がキリストであるとしているのです。

世の終わり、すべての民族の完成、永遠の生命。これらの言葉は、今を生きている私たちにどれほどの力と説得力を持っているのでしょうか。「国が国に対して立ち……」列強の利害がぶつかり合い、民族主義が過激な形を取り、未来が不透明な世にあって、父と御子キリストが支配する歴史の終末について、どの程度の現実感をもって接することができるのでしょうか。福音書でイエスは「私の国は、この世には属していない」と言い、ピラトはあまり関心を示さないままに、「真理とは何か」と言います。私たちの多くもむしろピラトの現実感覚の方が自分に近いと感じるかもしれません。

今日が典礼暦の最後の週であることを思い出してください。最終的にこの世のすべてをその目的にまで導くのはイエス・キリストにほかならないと言っています。マタイ福音書の最後では復活したキリストが宣言します。「わたしは、天においても地においても、いっさいの権威を授けられた。それゆえに、あなたがたは行って、すべての国民を弟子として、父と子と聖霊との名によって、彼らに洗礼を施し、あなたがたに命じておいたいっさいのことを守るように教えよ。見よ、わたしは世の終わりまで、いつもあなたがたと共にいるのである」と。まさにキリストは全世界の普遍的王であると宣言しているわけです。

では、私たちの感じる王という言葉への違和感はどうなるのでしょうか。それは私たちの視野がこの世の生のみに狭められているからでしょう。確かに生きている限り、日々の課題に全力をもって取り組むのが人の道でしょう。しかし私たちの生は、確実に死によって終わりを告げます。ある人にとっては五十年後、しかし他の人にとっては二十年後、あるいは十年後かもしれません。それどころか、パリで起こったことなどを考えれば、数日後に終わりを告げるかもしれません。私たちの命は六、七十年、あるいはせいぜい百年で、後は無に帰するというのでしょうか。私たちは創造信仰によって、自分が神さまのみ手によって存在を与えられていると信じています。それなら、その終わりは同じ神さまのみ許で完成します。この世の生、生の終わりである死、神のみ許における永遠の生命。このような広がりをイエス・キリストはご自分の生・死・復活を通して示してくださいました。キリストを信じ、キリストに従うキリスト者は、このような広がりの中で生きます。

私は常々、神さまを信じることは、オール・オア・ナッシング（all or nothing）だと言います。信じないなら、自分のこの世の生で終わりです。信じるなら、必ず永遠の生命へと導かれます。中間はありません。この典礼暦最後の週を、あの美しい詩編で結びたいと思います。

「主はわたしの牧者であって、わたしには乏しいことがない。主はわたしを緑の牧場に伏させ、いこいのみぎわに伴われる。……たといわたしは死の陰の谷を歩むとも、わざわいを恐れません。あなたがわたしと共におられるからです。」（23・1－4）

第三部

講　話

―愛に包まれた人生―

キリスト者であること——洗礼と堅信

1　イエス・キリストの出来事

簡単に神さまを信じる生き方というのではなく、キリストを信じるとは、キリスト者であるとは、いったいどういうことなのでしょうか。信仰宣言（クレド）においても、「天地の創造主、全能の神である父を信じます」という神に関する第一の項目があります。第二のブロックは、キリストについてです。「父のひとり子、おとめマリアから生まれ、苦しみを受けて葬られ、死者のうちから復活して、父の右におられる主イエス・キリストを信じます」。

この信仰宣言は皆さんもご存じのように、キリスト教信仰の真髄を自分の口をもって、祈りとして宣言するものです。しかし結局のところ、何を信じるのでしょうか。ふと思いついたのですが、私の書いた本の奥付に略歴が載っています。ちょっと読んでみましょう。「一九四三年、姫路に生まれる。六四年、イエズス会に入会。七一年、上智大学文学部哲学科修士課程終了。七二年から八二年にかけて神学研究。七六年、神戸で司祭叙階。八二年、ドイツ、ミュンスター大学で神学博士号取得。現在、上智大学神学部教授。組織神学担当」。

べつに自己宣伝をするつもりではないのですが、信仰宣言に感じが似ていませんか。そこにある表現には、客観的なよそよそしさが感じられないこともありません。信仰宣言の核心はいったい何なのでしょうか。このクレドの第二部は何を表そうとしているのでしょうか。

❖「神が語られた」

現代の神学者で、カール・バルトという人がいます。プロテスタントの世界では高い評価を受けている人です。このバルトは、イエス・キリストの意義をゴット・シュプリッヒト（Gott spricht!）という言葉でまとめています。「神語りたもう」。キリストにおいて神が語られた。そして、語り続けておられる。

キリストにおいていったい何が起こったのかということについて、いろいろな言い方がされます。たとえば神の「啓示」であると言います。あるいはヨハネ福音書にあるように、「受肉」とか、神の子が人間となられた出来事、すなわち「託身」とか言われます。そういう中で、神の「みことばの出来事」である、ということが、初めから今日に至るまでよく言われていることです。「みことばの出来事」とはまた、何か分かったような、分からないような言葉ですが、神がキリストを通してしゃべったということです。神が話すということはちょっと考えにくいことですが、人が話すということから考えてみてください。人が話すということも、すでに出来事です。

たとえば、「ちょっと話があるから来てください」と誰かに呼ばれて面と向かったとき、そこで何か〝語られるべきこと〟があるはずです。用事がなければ呼ばれないでしょう。その場合、呼んだ人が口に出すまで何を言うか分からないわけです。「実はねえ、うちの会社に来てくれないか」とか、「結婚してくれないか」とか、とにかく自分にすごく関係のあることを言われるわけです。何を切り出されるか分からない。

「みことばの出来事」とか「神語りたもう」と言うとき、それはそのときに初めて何かが新たに生起したと言っているのです。そしてそれは、非常にパーソナルな事柄です。それを聖書では「神が語られた出来事」として、のちに当時のことを反省した人が言うわけです。たとえば、ヘブライ人への手紙の書きだしには「神は、かつて預言者たちによって、多くのかたちで、また多くのしかたで先祖に語られた」と述べられています。ユダヤ人だから預言者なのでしょう。人は、神の語りかけを心で聴いたり、物を見たり出来事を体験することから感じ取ったりするでしょう。いろいろな時に、いろいろな方法で。

「しかし、この終わりの時代には、御子《みこ》によってわたしたちに語られました。」今までいろいろな形で話されたけれど、これ以上の神のことばは、今後あり得ません、究極のみことばです、という意味で「終わりの時」なのでしょう。この終わりの時代に、神の子自身がことばとなって、何かを語ろうとしている。そして語ったという。それも、今まで語られたような、いろいろな方法ではなくて、これしかないという形で一回だけ語られた。それが「みことばの出来事」であると。

では、神はどういうふうに語られたのでしょうか。それは、神のお告げを受けたとか、神はこう言っておられるぞ、とかいうような託宣ではない。そうではなくて「御子によって語られた」、キリスト自身がことばである。つまり、キリストが何か偉そうなことを言ったときだけが神のことばなのではなくて、キリストの存在全体が神のことばになったというのです。たとえば、自分の気持ちを表すために誰かに花束を贈ったとすると、その花束は〝ことば〟になります。ところがそういう物でさえもない。キリストの教え、あるいは彼のとった行動、さらに彼がどんな運命をたどって死んでいったかということ、それら全部が、つまりイエスの存在自体が、神の〝ことば〟だと言うのです。

❖想像を絶する神のことば

こういうことは予期できることでもないし、人間の側から考えつくことができることでもありません。パウロはコリントの信徒への手紙一で、キリストの事柄というのはいったい何だったのだろうかということを、旧約の言葉を借りて語っています。

目が見もせず、耳が聞きもせず、人の心に思い浮かびもしなかったことを、神は御自分を愛する者たちに準備された。（2・9）

つまり普通の人間の経験で、今まで見たことがあるとか、こんなことがよくあったとか、あるいは、そういうことは聞いたことがあるとか、というようなことではなく、こんなことがあるとはまるで夢物語のようだということでしょうか。若い女性の中に、どこからか白い馬に乗った王子さまみたいな人がタッタッと現れて、後ろにパッと乗せてくれてお城に連れていってくれたらいいだろうな、とそんなことを思う人はいないでしょうか。そういう、あり得ないことを考えるのが夢物語です。

ところが、そういう夢想さえもできないような、人間の想像力では考えつくことができないようなことを、神さまはご自分を愛する者たちのために備えられた。人間の乏しい想像力では、思い描くことさえもできないようなことが起こった。そうパウロは言っているのです。そして、それがキリストの出来事です。キリストを通して神が語った出来事です。では、この〝神のことば〟は、どのような姿で現れたのでしょうか。私はイザヤ書五十三章の言葉を思い出します。十字架につけられたキリストは、神のことばの究極的な姿です。旧約聖書でありながら、イザヤ書はその姿をよく表現しています。その意味ではイザヤ書は、最もよく実現した預言だと言えるかもしれません。キリストの姿が、神のことばはどんな形かが、そこに現れています。

わたしたちの聞いたことを、誰が信じえようか。（53・1）

という言葉で始まっています。こんなことってあるのだろうか。どんなことなのだ。ずっと読めばキリストの姿が浮かんできます。

見るべき面影はなく

輝かしい風格も、好ましい容姿もない。
彼は軽蔑され、人々に見捨てられ
多くの痛みを負い、病を知っている。
彼はわたしたちに顔を隠し
わたしたちは彼を軽蔑し、無視していた。
彼が担ったのはわたしたちの病
彼が負ったのはわたしたちの痛みであったのに
わたしたちは思っていた
神の手にかかり、打たれたから
彼は苦しんでいるのだ、と。(2-4)

このようなことを誰が信じ得たか。十字架のキリストを見たときに多くの人は、この人は失敗したのだ、自業自得だ、見てはいられないと思ったでしょう。

彼が刺し貫かれたのは
わたしたちの背《そむ》きのためであり

彼が打ち砕かれたのは
わたしたちの咎《とが》のためであった。
彼の受けた懲らしめによって
　わたしたちに平和が与えられ
彼の受けた傷によって、わたしたちはいやされた。（5）

この預言書の言葉は、まだ続きます。最後の言葉は次の通りです。

彼が自らをなげうち、死んで
罪人《つみびと》のひとりに数えられたからだ。
多くの人の過《あやま》ちを担い
背いた者のために執り成しをしたのは
この人であった。（12）

❖イエス自身が神のことば

こういうキリストが神のことば、神の語りかけである。それは紙上で語られた、あるいは観念をもって語られた〝ことば〟ではなく、ナザレのイエスという、歴史上の一人物が神の〝ことば〟となったのです。だから「み言《ことば》が肉となった」とヨハネは言うのであり、そのキリストは「わたしを見た者は、父を見たのである」（ヨハネ14・9）と言うのです。

言は肉となって、わたしたちの間に宿られた。わたしたちはその栄光を見た。それは父の独り子としての栄光であって、恵みと真理とに満ちていた。（ヨハネ1・14）

その〝ことば〟は聞くだけでなく、ヨハネの言葉を使えば、見て、感じ、触ることができたのです。ヨハネの手紙一の最初の言葉をご存じでしょう。

初めからあったもの、わたしたちが聞いたもの、目で見たもの、よく見て、手で触れたものを伝えます。すなわち、命の言について。（1・1）

キリストが「神のことば」であると言うとき、次の疑問は、それはどんな〝ことば〟なのか、その〝ことば〟は何を意味しているのか、ということでしょう。

私たちは聖書をひもとくと、そこに神のことばを仔細に見ることができます。それは「福音」（喜びのメッセージ）と呼ばれています。神が語ったことば（それはキリストそのものですが）は、もう皆が嬉しくてしようがなくなるような事柄なのです。

「福音」という言葉は昔のものだし、またあまり福音らしきこともこの世に起こらないから、ちょっと想像がつきません。「エウ・アンゲリオン」（福音）のエウというのは、「いい」ということ、結構ずくめで嬉しくてしようがないことです。アンゲリオンとは「知らせ」です。嬉しくてしようがない知らせだと言う。実際、キリストの思い出が福音書その他に残っていますが、その周りにある雰囲気というのは、たいていの場合明るい。キリストと一緒に食事をしたとか、病を治していただいたとか、皆が寄ってくる彼の周りは楽しいという感覚があります。そこに行くと、ホッとするような。

この福音。それは「神の国」の福音と呼ばれています。そしてそれを体現したイエスが行くところに、福音が実現していく。人々の真っただ中にいつもイエスがいました。そのイエスはどんな姿だったのでしょうか。聖書は「良き羊飼い」のようだとも言います。マタイ福音書は、次のように書いています。

イエスは町や村を残らず回って、会堂で教え、御国《みくに》の福音を宣べ伝え、ありとあらゆる病気や患いをいやされた。また、群衆が飼い主のいない羊のように弱り果て、打ちひしがれているのを見て、深く憐れまれた。（9・35－36）

これは大げさな話ではありません。当時、失業者があふれていて、自分一人でも食べていくのが大変だといった状況が随所で見られました。ほったらかしにされ、誰からも世話をされない羊の群れのような人々がいたのです。バラバラになって弱り果て、倒れている、そういう状態だったのです。そしてイエスはそれを見て、「深く憐れまれた」とあります。「深く憐れむ」（スプランクニツォマイ）という動詞は、単なる憐憫《れんびん》の情を指す言葉ではありません。もうそこから離れられなくなってしまう、どうしようとおろおろするといった感覚を含んでいます。

❖福音は神のプロポーズ

こういう良い羊飼いとしてのイエスの姿は、典型的なものとしてずっと後々まで残りますが、さらに、イエスの姿自体が示す〝神のことば〟がどんなものであるかをよりよく知りたいなら、聖書を読んでいろいろな教えを聞き、彼の行いと運命を見ていけば、あるいは十字架を考えれば、そこに神が語っている〝ことば〟、訴えてくる〝ことば〟が、そのまま伝わってきます。しかし、一言でつづめて神がどんな〝ことば〟を発したのか、キリストという〝ことば〟をもって私に何を語ったのかと問われるなら、私は「神のプロポーズだ」と答えましょう。

「あのね」と、神がキリストを通して語られた〝ことば〟は、いわば「僕と結婚してください」というような言葉。まさにその言ったことが、決定的な意味を持つような言葉なのです。神が人に、「あなたを私の最も大切なものにする」「あなたは、私について来てくれないか」と言ったわけです。

これは偶然ではないと思うのですが、キリストは自分のことを「花婿」と呼んでいます。マルコ福音書二章に、「断食論争」というのがあります。洗礼者ヨハネの弟子とか、ファリサイ派の人々とか、信仰に熱心な人は断食をする習慣を持っていました、週に二度ぐらい。熱心な人のすることだったのですが、イエスの弟子たちはあまりしないのです。なぜやらないのかという問いに対して、イエスは言いました。

花婿が一緒にいるのに、婚礼の客は断食できるだろうか。花婿が一緒にいるかぎり、断食はできない。（2・19）

今イエスがいるところは、神のことばがそこに働いているところである。それはいわば、婚礼の宴会のような場であるというわけです。披露宴に行って、自分一人だけ「今断食中ですから」などと言って何にも手をつけないでいるというのは、その場にそぐわないことです。華やかな雰囲気に合いません。婚礼の場所に黒い幕を巡らすようなもので、もともと合わないのです。イエスがいることによって、そういうふうな場になってしまっていると言うのです。

その中でさらに注目されることは、イエス自身が、自分のことを「花婿」として意識しているということです。婚礼の場というだけではなく、自分がその主役であると言う。そして、花婿には、必ず花嫁がいるものです。その花嫁は誰かというと、私たち一人ひとりなのです。

このようなことは、最初のクリスチャンたちも、よく分かっていたようです。ですから、キリストについていく者は、一人ひとりが「キリストの花嫁」だと言われています。たとえばパウロは、コリントの信徒への手紙二でこう述べています。

あなたがたに対して、神が抱いておられる熱い思いをわたしも抱いています。なぜなら、わたしはあなたがたを純潔な処女として一人の男子と婚約させた、

つまりキリストにささげたからです。（11・2）

うら若きおとめたちに言うのならまだしも、ここでは、必ずしもそういう人たちにだけ向けて言われているのではないと思います。そのへんの中年のおじさんであろうと、お婆さんであろうと、みんなに向けて言っているのだろうと思います。

しかも、「男」という言葉を使っています。「一人の男子であるキリストに捧げた」とパウロは言います。ですから、クリスチャン一人ひとりが、まさにキリストの花嫁です。あるいはまた、教会全体、キリストを信じる神の民全体をも、キリストの花嫁であると聖書は言うわけです（エフェソ5・22－33参照）。

これはただ外面的なことだけではないと思います。つまり、神がプロポーズをした。そして、その愛を切々と語っているのが福音なのだと思います。その〝ことば〟となったのが、キリストです。キリストの姿を見ただけで分かります。もう、あなたがたが、可愛くてしようがない、もうあなたがただったら、何をしてもよろしい、と。新婚ホヤホヤのお嫁さんに対する態度のようなもので、もう可愛くてしようがないから、わがままでも何でも聞いてやると、そういう感覚があるのです。

❖無条件の愛の語りかけ

キリストはよく「親」の例を用います。どんな悪い者でも、子供には絶対にいいことだけをしてやろうと思う。自分の子供にヘビをやったりサソリをやったりはしない。ましてや、天のおん父は、それどころではないのですよ、と言っています（ルカ11・11－13参照）。とにかくあなたがたが大切なのだ。だからもし何かあったら、もしうまくいかないことがあったなら、全部私が背負い込むから、責任をとるから、とそういう感じなのです。

十字架につけられたキリストは、自分をつけた役人たちのことを、「父よ、この人たちは自分で何をしているのか分からないのです。どうぞ彼らを赦してやってください」と祈っています（ルカ23・34参照）。何をしているか、分かっていないわけでもないでしょう。

十字架のキリストの姿には、自分が全部ひっかぶっていながら、そのことを相手には知らせない心根が表れています。親だったら自分がどんなに苦労があっても、金銭的な問題があっても、子供には心配させないように、できるだけそれを知らせないようにします。昔の親にはそういう気質が強かったものです。

キリストの姿には、そういう感覚があります。こうした愛の言葉をキリストを通して神が語った。ですからそこに残るのは、心底からの喜びの記憶です。たとえば最初に書かれたマルコ福音書は、次の言葉で始まります。

神の子イエス・キリストの福音のはじめ。（1・1）

神の子であるキリストという喜ばしい神の声。あるいはヨハネは、聖書の中でこの事柄をある感慨を込めて言いました。

神は、その独り子をお与えになるほどに、世を愛された。（3・16）

さらにまたパウロは、ローマの信徒への手紙で、こんなふうに言っています。やはりパウロは、キリストにおいて何が起こったかがよく分かった人なのでしょう。

キリストがわたしたちのために死んでくださったことにより、神はわたしたちに対する愛を示されました。（5・8）

❖「私のもとに来なさい」

キリストの十字架によって、何が示されているのか。神の私たちに対する愛が。ここに福音の核心が現れていると思います。ですから「神語りたもう」というこの出来事は、非常に個人的で明確な意味を持っています。思いもかけないところから急に「結婚してくれ」と言われたようなものです。語りかけられた者には、別の生活が待っている。マタイ福音書十一章にきれいな言葉があります。「疲れた者、重荷を負う者は、わたしのもとに来なさい」というのは、まさにそういうプロポーズの言葉として響きます。

疲れた者、重荷を負う者は、だれでもわたしのもとに来なさい。休ませてあげよう。わたしは柔和で謙遜な者だから、わたしの軛《くびき》を負い、わたしに学びなさい。そうすれば、あなたがたは安らぎを得られる。わたしの軛は負いやすく、わたしの荷は軽いからである。（11・28－30）

「どうか私のところに来てください。あなたを大切にしてあげます。私は乱暴な人間ではありません。変なことはしません。だから信頼してください。もちろん、いろいろな生活の条件もあると思いますけれど、わりといい条件です。軛は軽い。けっこう休めます。どうぞ、いらっしゃい」という招きの言葉のように聞こえます。

こういうふうに見ますと、「父のひとり子、おとめマリアから生まれ、苦しみを受け、死んで葬られ、死者のうちから復活して、父の右におられる主イエス・キリストを信じます」という洗礼式の信仰宣言の言葉は、「神が私たちに愛の言葉を語られたということを、私の側からもしっかり受けとめます」という祈りなのだと思います。

もし、キリストの出来事がそういうことであるとすれば、これは一般的に神を信じるというよりもずっと特別な事柄です。それは気軽に何度でも起こることではありません。

パウロが福音を語る際に、よく律法を問題にしていることはご存じでしょう。パウロは、律法は人を救えない、律法は神の意志を表しているかもしれないけれど、それでは人は救えない、と言います。救う力があるのは、キリストにおいて一回限り発せられた神の愛のことばであるということを、彼が確信していたからでしょう。

あるいは、ヨハネ福音書は一章十七節で次のような言い方をします。「律法はモーセを通して与えられたが、恵みと真理はイエス・キリストを通して現れた」と。イエス・キリストを通して、「のみ」とは書いてありませんが、まさにその意味です。このことはイエス・キリストを通してだけしか来なかったと言っています。みことばの出来事、それは他の宗教的事柄と同列に置くことのできない事柄だと、パウロもヨハネも言っているわけです。

彼らがユダヤ教との関連で述べたことは、私たちの時代環境においても有効です。人間が神を信じたり、信仰を持ったり、いろいろな信心の道を歩んだりするのはどれも尊いことです。いろいろな宗教の道があります。ただし、このキリストの出来事と並べてどれでもいい、ということではありません。それが神の私に対する人格的で一回限りの呼びかけだからです。

「あなたは私と結婚してください」と言われたとすれば、それは他の人に置き換えることができないシチュエーションなのです。「あなたは私と結婚してください」に対して「誰か呼んできますから」「私、抜けます」とは言えない。また、そのように呼びかける者が誰であるかによって、同じ言葉でも、それに対する対応は変わってくることでしょう。

福音についても同じことが言えます。それは、ほかならぬ唯一の神が、他の誰でもないこの私に対して語りかける、非常に人格的な、プライベートなプロポーズです。ですから、他の宗教を大切にしてもいいのですけれど、唯一の主キリストに対する信仰というのは、決して他のものに均《なら》してしまうことのできないものなのです。つまり、キリストを信じるということは、単に神を信じるということを超える次元のことなのです。

2　誰がこの愛を受けとめるのか

❖キリストはすべての人の救い主

神がこのような愛のことばを発したのは、何も虚空に向けて発したわけではありません。いったい誰がそれを受けとめるのか。それについてもう少し考えてみましょう。

私はヨーロッパで勉強していた頃、いろいろな教会とか美術館とかに行って昔の十字架の絵をよく見ました。一つのタイプは、初めは気がつかないのですが近寄ってよく見ますと、十字架の周りに天使がいっぱい飛んでいるのです。小さい天使が飛びながら泣いており、杯をささげ持っていて、キリストの血を杯に受けとめています。こういうのはやはり、ご聖体と合わさった信心、信仰の現れでしょうけれど、この泣きながら飛んでいる天使の姿には、そこに流れているキリストの血を受けとめなければ無駄に流れてしまうという焦りのようなものが感じられます。つまり、もしこの十字架の血がそのまま流れていけば、地面に吸い取られて、そのまま失われてしまうと。

神が語られた〝命懸けの愛のことば〟は、いったい誰が受けとめるのでしょうか。それをはっきりと受けとめる人間が、クリスチャンであるということです。誰でもというわけではありません。

キリスト教では、キリストはすべての人の救い主であると言います。つまり、クリスチャンであろうとクリスチャンでなかろうと、そういうことを知っていようと知っていまいと、すべての者はキリストの恵みを通して神に至るのだと。ですから聖書を読むと、さまざまなところでキリストの霊が、あるいはキリストの力と生命が、天地に満ちみちている、と書かれています。

神は、この力をキリストに働かせて、キリストを死者の中から復活させ、天において御自分の右の座に着かせ、すべての支配、権威、勢力、主権の上に置き、今の世ばかりでなく、来るべき世にも唱えられるあらゆる名の上に置かれました。神はまた、すべてのものをキリストの足もとに従わせ、キリストをすべてのものの上にある頭《かしら》として教会にお与えになりました。教会はキリストの体であり、すべてにおいてすべてを満たしている方の満ちておられる場です。
（エフェソ1・20－23）

あるいは、マタイ福音書はキリストの最後の言葉として、「わたしは天においても地においてもいっさいの権威を授けられた」（28・18）という言い方をします。すべてのものに満ちているものはキリストの生命です。ですから、あらゆる人は知ろうと知るまいと、その生命によって生かされている。それがキリスト教の信仰です。しかしながら、それはすべての人がクリスチャンになるということとは話が違います。

昔はなかなか鼻息が荒くて、いっとき、教会の外に救いはないとか、洗礼を受けないと地獄に行くのだというようなことが言われたものですから、周りの人はみんな救われないと考えていました。

しかし、第二バチカン公会議の文書などを見ると、そういうことはだんだん言わなくなっています。たとえば、公会議文書の一つに『キリスト教以外の諸宗教についての教会の態度に関する宣言』というのがあります。そこでは、他の宗教について、次のような言い方をしています。「カトリック教会は、これらの諸宗教（つまり、仏教、ヒンズー教、ユダヤ教、回教など）の中に見いだされる真実で尊いものを何も排斥しない」そして、「それらは……すべての人を照らす真理の光線を示すこともまれではない」（2項）。

こういうふうに真実の光がどの宗教にもあるのだと言っています。ということは、「尊いもの、真実なもの、光となるもの」において、人が救われるということを意味しています。人はどのような宗教においても神の生命に浴し、完成することができるのだということです。

あるいは『教会憲章』十六項では、次のように言います。「本人のがわに落度がないままに、まだ神をはっきりと認めていないが、神の恩恵にささえられて正しい生活をしようと努力している人々にも、神はその摂理に基づいて、救いに必要な助けを拒むことはない」。

「本人のがわに落度がないままに」というのは面白い言い方ですが、いわば無神論者であっても、その人が誠実に生きているとすれば、結局神のもとで救われるのだと言っているのです。「何だ、それなら洗礼を受けなくてもよかった」と思う人もいるでしょう。受けなくても救われます。

❖神のプロポーズを受けとめるキリスト者

しかし問題は、これが愛の問題であるということです。そして、神が意識的にはっきりと語りかけられたものとして、これを意識的に受けとめる、ということは、救われるかどうかという問題とは別なことです。

昔、『リリー』という映画があったそうです。人から聞いたことなので間違っているかもしれませんけれど、どこかの人形劇団の話のようです。リリーというのは女の子です。リリーは人形たちがよちよちと出てくるのが可愛くて大好きなのです。でもその劇団の中にいるおじさんのことを嫌いでしようがない。でもあるとき、そのおじさんが、自分の大好きな人形を上から操って動かしているということが初めて分かるのです。そのとき、リリーはおじさんが大好きになってしまいます。そういう話だったと思います。

つまり、そこまでいったときに、初めて物事の端までいくのです。あらゆるところで人は神の生命に生かされて、神と一つになって、本当に救われます。しかし、もしキリストによって愛の言葉を語られ、それがあらゆる命と恵みの根源であるということが分かり、それを自分もはっきりと意識して受けとめるなら、そこに完成した信仰があります。それがクリスチャンであるということではないかと思います。

ですからキリスト教の信仰は、いつでも〝みことばの宣教〟によって伝えられていきます。パウロはこれを「宣教の愚かさ」（一コリント1・21）とさえ呼んでいます。やたらとキリスト教徒の数が増えることはないでしょう、将来的に見ても。それにもかかわらず、そういうクリスチャンは存在し続ける。救われるためというのではなく、彼らは神の愛の完成に召された者なのです。

どのようにしてその愛を受けとめるのかというと、もちろんイエス・キリストに対する信仰によってです。聖書はこう述べています。

わたしは道であり、真理であり、命である。わたしを通らなければ、だれも父のもとに行くことができない。(ヨハネ14・6)

それでは信仰するには、どうしたらよいのでしょうか。これについてヘブライ人への手紙は次のように言います。

わたしたちもまた、このようにおびただしい証人の群れに囲まれている以上、すべての重荷や絡みつく罪をかなぐり捨てて、自分に定められている競争を忍耐強く走り抜こうではありませんか、信仰の創始者また完成者であるイエスを見つめながら。(12・1-2)

「創始者」には「アルケーゴス」という言葉が使われています。つまり、始めた人、そして先に立って引っ張っていく人。信仰という点で、まず信仰をつくった人、自分で生きてみた人のことです。今までそういう生き方がなかったのです。ですから、その人を見ながら、仰ぎ見ながら走ろうではないかと書いてあります。走らないといけません。つまり、信仰というものがどんなものであるかをイエス自身が生きて示した。そして私たちは、その信仰の生き方を、自分の身をもって体現し、ついていく。このようにして神の愛を受けとめるのです。

非常に不思議なことですが、キリストは神のことばであると同時に、それに対する人間の応答でもあるわけです。神のことばを受けとめた者でもあるわけです。神とはどういう方か、キリストを見なさい。人間とはどういう者であるか、キリストを見なさい。キリストの中で、神と人間とが愛においてしっかりと出会っています。ですから、後に教義は「神であり、人である方」と言います。まことの神、まことの人。

どういうふうにこの愛を受けとめたらいいのでしょうか。道であるキリストに従うことによって、キリストに賭け、キリストに留まる。丸ごとキリストに賭けていく。

キリストに賭けるというのは聞こえはいいですが、では具体的にどういうことかというと、キリストの言われたこと、教えられたことに従っていくよりほかにありません。キリストの教えは私たちが聞いているところです。人を大切にしなさい。七度の七十倍赦しなさい。人を裁いてはならない。求める者には与えよ。五十歩歩けと言う者には百歩一緒に歩け。右の頬を打たれれば左の頬をも出せ。そういう教えは、聞いていて気が遠くなるような話で、十分にユニークです。

つまり、キリストについていくことは、確かに自分がキリストを信じ、その愛に応えているという手応え十分の生き方であるということをはっきりと示しています。ですから、誰でも悔い改めて、キリストに改心するわけです。「神の国が近づいた、悔い改めよ」と言われて、「俺はもう悔い改めた、これ以上悔い改める必要はない」と言える人は誰一人いません。

なぜかというと、最初に言いましたように、福音、愛のプロポーズというものは、「目がまだ見ず、耳がまだ聞かず、人の心に思い浮かびもしなかった」（一コリ2・9）事柄なのです。想像してみたことがないようなことなのです。ですから、誰もそれに対処しているはずがない。はずがないから、それが現れるときは、必ずみんな悔い改める。それがクリスチャンで、クリスチャンになるということは、必ず悔い改めるということです。

神のことばであるマタイ福音書では、キリストは最後に何を求めているか。この愛に応える人を探してきなさい、ということです。


「わたしは天と地のいっさいの権能を授かっている。だから、あなたがたは行って、すべての民をわたしの弟子にしなさい。」（28・18－19）

「わたしの弟子にしなさい」、そのしるしとして、父と子と聖霊の名によって、つまり、神そのものの生命において、洗礼を施しなさい。あなたがたに今まで言ったことを、いっさい守るように教えなさい。これは掟というより、神の心に添うように、合わすようにと教えなさいということ。そうしたことはすべて単に言葉だけのことでない。自分自身がいつもあなたについていると言っています（同28・19－20参照）。

見よ、わたしは世の終わりまで、いつもあなたがたと共にいる。（28・20）

こういうふうにキリストが横にいる。そして、キリストの教えを守り、その弟子になるという形で、この愛に応える。こうした生き方への敷居をまたぐことが洗礼です。

3　洗礼とは何か

❖神の子とされる

今、洗礼についても少し考えてみましょう。洗礼は、私たち（クリスチャン）にとっては過去の事柄です。つまり、キリストにおける神のプロポーズを受け入れ、キリストの道に入っていくように、すでに一回限りの洗礼を受けたのです。

何のために受けたかというと、前項で言ったように愛に応えていくためです。「そんなことまで思わなかった」とか「なんとなく受けてしまった」という人も結構いると思います。でも、もう受けたものはしようがありません。そういうふうに運命づけられているのです。

神さまの導きというのはだいたいそんなものです。神父になるというのでもそうです。初めは何となく甘い考えでいても、だんだん勝手が違ってくる。しかし、もう遅い。もうそうなったら根性をすえて、求められていることが大きいから、その大きいものを堂々と生きていかなければいけない。やはりキリストに召されて洗礼を受けたということは大変な事柄です。ですから、洗礼を受けた限り本物のクリスチャンになっていっていただきたい。どうせ一回しか生きられないのですから、自分が召されたところにまで近づいていくはずだと思うのです。

洗礼というのも結婚式のようなものです。教会でも結婚式をやりますが、その時点でどれほどのことが分かっているでしょうか。結婚式では「生涯変わらぬ愛と忠実」を誓いますが、その言葉の現実は、式が終わったときから始まるわけで、そのときに夫婦が出来上がるのではなくて、それから一生をかけて結婚の愛と生涯変わらない忠実を生きていくわけです。こういうことだったのかと思いながら。

教会を通して洗礼を受けるとき、人は神の子とされます。神の子とされるとは、もとに戻らないことです。「もうやめた」ということはないのです。一回洗礼を受けた人はやめられないのです。自分でやめたと言っても、洗礼台帳を破いてはくれません。ここで起こっていることはどういうことなのでしょうか。神の子とされたというような大きな出来事がそこで起こっているわけです。

ガラテヤの信徒への手紙四章を読んでみましょう。「わたしたちも、未成年者であったときは、世を支配する諸霊に奴隷として仕えていました」（4・3）。その間、私たちとこの世との二項関係の中で生きているにすぎませんでした。「しかし、時が満ちると、神は、その御子を女から、しかも律法の下に生まれた者としてお遣わしになりました」（4・4）。律法の下に。この世のさまざまな原則にとらわれる生き方の下に。何のためでしょうか。「それは、律法の支配下にある者を贖《あがな》い出して、わたしたちを神の子となさるためでした」（4・5）。すなわち、御子の派遣という大きな出来事は、もともと神が始められたことなのです。何のためかというと、結局は私たちを贖い出し、私たちに子である身分を授けるためであった、と言います。

あなたがたが子であることは、神が、「アッバ、父よ」と叫ぶ御子の霊を、わたしたちの心に送ってくださった事実から分かります。（4・6）

子とされる。ただの子ではない、神の子。なぜか。神の生命を受けるから。「御子の霊」という言い方をしています。つまり、キリストがそれによって生きていた生命と同質の生命を受けるのです。その生命とは何か、人間の生命ではなく、神の生命である。だからこそ、全き生まれ変わりになるわけです。さらに結論。

ですから、あなたはもはや奴隷ではなく、子です。（4・7）

誰の奴隷ではないのか。神の奴隷ではない。神の子であると言っています。本当に興味深いことですが、パウロが言うことを、たいていヨハネも表現を変えて言っています。ヨハネ福音書では「もう私はあなたがたを僕《しもべ》とは言わない。友と呼ぶ」（15・25）という言い方をしています。「僕は主人のしていることを知らないからである」（同）。神の生命を自分の中に受けるとすれば、神のなさることは知っている。

パウロに戻れば、「子である以上、神による相続人である」（4・7）と続けています。神のいるところにもいろいろな遺産、財産があるから、その相続人もいるのだ。つまり、神の持っていらっしゃるものを自分もいただくことができるというのです。そしてそれは神の生命です。それが何を意味するか、さらに考えていくと三位一体の教えになっていきます。

❖水と霊による再生

今見たガラテヤの信徒への手紙に明らかなように、キリストの出来事は、その結果として、私たちが神の生命に生き始めるためなのです。ですから、洗礼とは何かというと、古い生命から神の生命に移り変わっていく、生まれ変わりであるということになります。

ヨハネ福音書三章に、ファリサイ派のニコデモという人がイエスを訪ねる場面がありま
す。ニコデモはユダヤ人の指導者であったといいますから、世間においてひとかどの者であったということです。最高法院を構成している一人であったのではないかと思われますし、それなりの地位と尊敬を受けていたのでしょう。この世での生き方を成功させていたエリートです。イエスの置かれた立場を顧慮すれば、あまり近づかない方がいいわけですから、「夜来た」と書いてあります。こういう、この世においてはバランスのとれたいい育ち方をしている人間ですが、それだけでは足りないとイエスは言います。

「よくよくあなたに言っておく。誰でも、新たに生まれなければ、神の国を見ることはできない。」(3・5)

誰でも、人は新しく生まれ変わらなければいけない、ということをイエスは言っています。「誰でも」です。クリスチャンであろうと、聖書を読もうと読むまいと、誰でも一回、今の自分の生命に死んで、もう一度生まれ変わらないと本物にならないのだろうと思います。

クリスチャンは洗礼のときに生まれ変わります。しかし洗礼を受けても、もしかしたら

ある人は生まれ変わりたくないかもしれない。けれど、どこかで生まれ変わらないといけない。もしかして、死ぬまで生まれ変わらない人がいるかもしれない。でもそういう人はたぶん、死ぬときに生まれ変わるのかもしれません。

つまり、神の生命に至るためには、人は一回どこかで区切りをつける必要があるのではないかと、私は思います。一回死んで一回生まれるというのが、人間の道ではないかと思うのです。キリストはラザロの復活のところで言います。「わたしを信じる者は死んでも生きる」（ヨハネ11・25）と。理不尽なことですが、一回死んでいると、今度生き始めた生命、新たに生まれた神の子の生命というのは、もう死にようがないのです。まさに永遠の生命であって、そうなると生物学的な死には関係なしに生き続けるわけです。

そういうことに対してニコデモというこの世の成功者・エリートは、アンテナがないのです。この世の枠の中でだけ考えようとします

「年をとった者が、どうして生まれることができるでしょうか。」（3・4）

自分はもう皺《しわ》くちゃな人間であるのに、どういう形で生まれるのか。もう一度母の胎内に入って生まれることができましょうか。つまり、神の子として生まれるということは、

人には想像できないことです。イエスは最初に言ったことをもう少し詳しく言います。

「よくよくあなたに言っておく。誰でも水と霊とによって生まれなければ、神の国に入ることはできない。」（3・5）

水とは、洗礼のことを指しています。霊とは、もちろん神の生命そのものです。「肉から生まれる者は肉であり、霊から生まれる者は霊である」。当たり前のようですが、ただの人はただの人に過ぎない。この世にしがみついて生きている人間は、非人間である。それだけです。神の生命によって生きるならば、たとえ肉であろうと神の子であり、神の生命を、不死の生命を生きるのです。ですから、そこに生まれ変わらなければいけない。

❖古い人に死に、神の生命に生きる

「『あなたがたは新たに生まれねばならない』とあなたに言ったことに、驚いてはならない。風は思いのままに吹く。あなたはその音を聞いても、それがどこから来て、どこへ行くかを知らない。霊から生まれた者も皆そのとおりである。」（ヨハネ3・7－8）

なぜ急に「風」が出てきたかというと、「霊」（プネウマ）という言葉はもともと「息」という意味を持っているからです。プネウマは、息であり、生命であり、そして風でもあり得るわけです。ですからそういうたとえをしているのです。

戸外に立ってごらんなさい。風は見えません。しかし、風に木が揺れるのは見えます。それどころか、肌に風が当たって反応するのが分かります。風がないとは誰も言えません。どうしてそうなのかは分からないけれど、確かにそこに働いている。人が一度死んで神の生命によって生き始めるということも、そういうふうに感じられることです。

もともと洗礼というのは、水の中にぐっと入っていくことです。聖書で洗礼にあたる言葉は、「バプテスマ」です。プロテスタントの人たちは「洗礼」という訳語をあまり好まず、しばしば「バプテスマ」をそのまま用います。「洗礼」というと水で洗ってきれいにしましょう、という感じがするでしょう。バプテスマの意味は、もともと「浸す」ということです。ですから、洗礼というのは洗うというより、水に浸すということを意味します。水は殺すものです。浸されると死にます。そして水から上がるとき、今度は水は生かすものになります。ですから、「死んで生きる」という意味が強いのです。こうしてある教派は、身体ごとザブンと水につかる形での洗礼を大切にしています。

そういう実践の問題は別にして、洗礼が生まれ変わりだとすれば、それは二つの面を持っています。その第一の面は、今までの自分は過去のものになるということです。「古い人間を脱ぎ捨てる」とパウロは言います。「古い人に死ぬ」とも「キリストと共に古い人を十字架につけた」とも言います。そこにおいて、確かにある断絶があります。それまでの自分は、過去の人になるわけです。ですから、洗礼を受けたときすべての罪は赦《ゆる》される、と伝統的にいつも言われていますし、そう私たちは信じています。なぜかといえば、それは古い人の罪だからです。新しく生まれた自分はもう別の人なのです。だからこそ、そこにおいて、あらゆることが過去のものになるわけです。そして神の子として生まれる。

第二の面として、古い自分に死ぬとともに、私たちは新たに生まれて生き始めているということになります。そしてこのように一度死んで、一度生きるということが、先ほども言いましたが、きっと人間の定めなのだろうと思います。キリスト者はそれをはっきり意識して、その道をたどるのです。

❖最後のアダム

コリントの信徒への手紙一の十五章で、パウロは復活について語っています。しかし、復活信仰を別にしても、パウロが言うことには説得力があります。人間というもの自体が、元来そうなのだと思います。

蒔《ま》かれるときは卑しいものでも、輝かしいものに復活し、蒔かれるときには弱いものでも、力強いものに復活するのです。つまり、自然の命の体が蒔かれて、霊の体が復活するのです。(15・43-44)

私たちの生き方、あるいは人間というものはこうなのだと思います。人は、肉なる者として生きてきて、それが腐って潰れたところに、神の子の生命が生まれてくるのだと思うのです。人間として、そういう脱出に成功するかどうか、そこに人として生まれてきた意味が完成するかどうかがかかっているのではないかと思います。

ですから、それに続けて、「最初のアダム」「最後のアダム」について、パウロは語っています。アダムとは、一番目の人間である創世記のアダムだけでなくて、人類、人間全体を指しています。「最初のアダムは生きた者となった」と書いてあります。創られた人間とは何でしょうか。真の命に満たされた者となるために生まれてきた。しかし最初のアダムのままでは駄目で、「最後のアダム」こそ、命を与える霊となった。この最後のアダムとはキリストのことです。

「最初の人アダムは命のある生き物となった」と書いてありますが、最後のアダムは命を与える霊となったのです。最初に霊の体があったのではありません。自然の命の体があり、次いで霊の体があるのです。最初の人は土ででき、地に属する者であり、第二の人は天に属する者です。（15・45－47）

つまり創世記のアダム、そして我々も皆そうですが、それは地から出て地に属する者です。「第二の人」はキリストです。

土からできた者たちはすべて、土からできたその人に等しく、天に属する者たちはすべて、天に属するその人に等しいのです。わたしたちは、土からできたその人の似姿となっているように、天に属するその人の似姿にもなるのです。（15・48－49）

つまりここにおいて、クリスチャンとなった者、生まれ変わった者は、キリストによって、キリストという新しいタイプの人間になったということを言っています。すなわち、単に自然的な人間の生命の原理ではなくて、神の生命の原理を軸として生きる新しいタイプの人間になっているということなのでしょう。こうして人の生命が完成するのが洗礼なのだろうと思います。

4　堅信とは

❖堅信は洗礼の完成

ある人は堅信など受けたことも気がつかなかった、というようなことがあるでしょう。なぜかと言うと、大人が洗礼を受けた場合は、すぐ後で油を塗って、それをもって堅信とする教会も多いからです。ある教会では洗礼と区別して、別の機会に司教によって、堅信がほどこされます。

いずれにせよ、人は堅信を通して聖霊の恵みを受けます。聖書に、ある人たちは洗礼を受けたけれど、霊は降《くだ》っていなかった、使徒たちが行って按手《あんしゅ》をすると霊が降った、というようなことが書かれているからでしょう（使徒8・14－17、19・1－6）。しかし、洗礼を受けたときに神の生命を受けるということは、聖霊を受けるということです。それでは、なぜ堅信というものがあるのでしょうか。よく言われることは、堅信は成人式である、生まれ変わった人間として大人になるということです。

人は、というより自分のことを考えてください。私は、一回限りの生命を生きています。赤ん坊のときから少しずつ育ってきて、勉強したり、いろいろな経験を積んだりしながら、だんだん大人になります。体も少しずつしっかりしてきます。そういうふうに育っていくなかで、初めて人間らしい命を生きることができるのです。

では、大人になるとはどういうことでしょうか。子供はどちらかというと、世話をされて育ちますが、大人になるとは自分の方から積極的に打って出て、社会的に受けたものを還元していくことです。変わらない人もいるかもしれませんが、常識的にはそうです。

神の子としての命にも、そういう道程があります。よく洗礼を受けた人が感激して、自分はまるで生まれ変わったようだと言います。本当にそうなのですけれど、司祭の方がびっくりすることもあるのです。この人、本当に嬉しそうな顔しているとか変わったとか。そこに働く神さまの生命というものにびっくりするのです。

ところが、だいたい半年とか一年くらいたつと、また元のような顔になってきます。個人差があるけれど、「あれは何だったのだろうか」「自分は結局変わっていないのだろうか」などと思い始めます。それは何かというと、要するにその人がクリスチャンとして大人になり始めているということなのです。

キリストの福音というものは、神の恵みを受けて生かされ、喜びを受けるということがないと始まりません。しかし、さらに愛に生きるということに召されている。そのとき、ただ有頂天になるだけで、何でも楽しくてしようがないようにだけ、人を愛することができるわけではない。それは子供のやることです。自分が本当に神の生命に恵まれているということを確信していると同時に、ちょっとざらざらとした日常の中で、醒《さ》めた目で自分をささげ、愛に生きることを始めるためには、大人の信仰が要求されるわけです。

「聖霊が与えられる」と言うときの聖霊は、神の生命の原理です。神の生命は、内向きにも外向きにも働きます。神の生命の恵みを受ける洗礼においては、どちらかというと、新たに生まれ、神に対して「アッバ、父よ」と呼ぶ霊を受け、大きな生命の溢れを感じます。それなしには始まりません。しかし、それと同時に、この神の生命は周りに向かって働きかけていくものです。他の人に善きものをさらに伝えていくものなのです。

クリスチャンになったら完全に個人主義に留まるわけにはいきません。必ずキリストの使命と同じ使命を身に帯びて、生命の恵みを人にもたらしていくことになります。これがクリスチャンとして大人になっていくしるしです。ですから、聖霊を受け、信仰において円熟していく、成人するということは、その信仰の生命が、自分だけのものに留まらないように動き出すということです。

堅信を通して「キリストの兵士になる」と昔はよく言われました。ですから、大人が洗礼を受けるとわりとすぐに堅信を受けるという意味も、ある程度お分かりになるでしょう。

❖今、キリスト者として

洗礼と堅信に関して細かいことを言ってもしようがないと思いますが、何がその意味であるかは、やはり非常に大切なことだと思います。クリスチャンであるということ、しかも日本における絶対少数者としてクリスチャンであるということは、特別の意味を持っています。ヨーロッパやラテンアメリカのクリスチャンとも違うと思います。私たちはやはりこの日本でクリスチャンとしての恵みを受けたのだということをはっきり意識して、日本人らしいクリスチャンとして生きるべきでしょう。

この国に自分が生まれて生きている意義は、私たちの場合は、キリストの生命を生きるということと重なってくるのだ、ということをできるだけ深く悟りたいと思います。

私は「バビロンの流れのほとりに座り……」という、詩編一三七の言葉を思い出します。

バビロンの流れのほとりに座り
シオンを思って、わたしたちは泣いた。
竪琴は、ほとりの柳の木々に掛けた。
わたしたちを捕囚にした民が
歌をうたえと言うから
…………
どうして歌うことができようか
主のための歌を、異教の地で。（1－4）

日本のクリスチャンにはそういう感覚があるのではないでしょうか。実際、クリスチャンとして居心地が悪い、理解してもらえない。歌もうたいにくいです。たとえば男が洗礼を受けると、なかなか苦しみます。社会に出ていって仕事をしているとき、そこで成功しようと思ったら、清濁合わせ飲むような姿勢でないと、なかなか上には行かれないものです。まともにすんなりと〝クリスチャン〟を通すわけにはいきません。答えがすぐにあるわけではない。しかし、そういうところでは悩めばいいのです。冷たい言い方かもしれませんけれど、まさにそういう悩みのうちに生きていくのが、私たちクリスチャンの務めだと思います。それもまたキリストに召されて生きていくということです。いつでも困難はあります。それがチャレンジとなるのだと思います。

パウロは「わたしは福音のためなら何でもする」というような言い方をします。「機会があろうとなかろうと、み言《ことば》を宣《の》べ伝える」と言います。そうした心意気は、私たちの姿勢でもあるべきだと思うのです。キリストが弟子たちをミッションに遣わしました。そのとき、「わたしがあなたがたを送り出すのは、狼の中に羊を送り込むようなものだ。だから蛇のごとく聡《さと》く、鳩のごとく素直であれ」（マタイ10・10参照）と言っています。キリストは、どういう状況の中に弟子たちを遣わすかを先刻承知していたわけです。

クリスチャンがこの世に生きるということ自体、そういうものだと思います。アッという間に食らい尽くされてしまうかもしれない。にもかかわらず、「行け」と、キリストは言います、「蛇のごとく聡く」と。ただボケッとして善人面《づら》していればいいのではないのだ、ということでしょう。ありとあらゆる手段で上手に立ち回れ、と言っているのです。工夫しろ、頭を使えと言っているのです。冷静にきちんと手筈《てはず》を踏んで、ことに臨み、成就へと導きなさいと。

それと同時に、どんなに知恵をしぼり、策略を練ったとしても、キリストの愛の心が汚れたら絶対に駄目であると。「蛇のごとく聡く」なければすぐ死んでしまいます。しかし、

「鳩のごとく素直」でなければ、クリスチャンとしての意味がありません。そういうことを言うキリストというのは、弟子たちに対してものすごい愛があったのだと思います。ですから「そこに行って絶対だまされたらいけないよ。よく注意しなさい。できるだけ逃げられるところは逃げなさいよ」と、そう言っているみたいです。しかし、「愛の心を失っては駄目だよ」と。この言葉からも、やはりキリストの愛が伝わってきます。

私たちがこの日本においてクリスチャンとして召されたということは、大きな恵みだと思います。そして、その困難も当然あります。その恵みは、ヨーロッパのクリスチャンのそれでもない、カトリックの国のクリスチャンのそれでもない、私たち独自のクリスチャンとしての恵みがあり、信仰の生き方があるのだと思います。

神の愛と罪——ゆるしの秘跡

1　福音の核心としての神の愛と赦《ゆる》し

教会にはゆるしの秘跡というものがあります。一般に告白とか告解と言われているものです。これをよく理解するためには、まず、罪が赦されるということが福音の核心に属するということを知っておく必要があります。それはまた、信仰宣言で「罪のゆるしを信じます」と言われているように、教会が信ずべき事柄として提示しているものでもあります。だからこそ、教会につながって罪の赦しに与《あずか》るゆるしの秘跡は非常に大切な事柄なのです。告白の意味するものが、キリストの福音と直結していること、神のメッセージそのものであるということを、もう一度しっかりと思い起こしたいと思います。そうしなければ、私たちはたぶんその意味を勘違いするかもしれません。

❖福音中の福音

そこでまず初めに、私たちが読み親しんでいる「放蕩息子《ほうとう》」の譬《たと》え話を、あらゆる先入観を除いて読んでみたいと思います。この箇所は、しばしば福音中の福音と呼ばれています。

ある人に息子が二人いた。弟の方が父親に、「お父さん、わたしが頂くことになっている財産の分け前をください」と言った。それで、父親は財産を二人に分けてやった。何日もたたないうちに、下の息子は全部を金に換えて、遠い国に旅立ち、そこで放蕩の限りを尽くして、財産を無駄遣いしてしまった。何もかも使い果たしたとき、その地方にひどい飢饉《ききん》が起こって、彼は食べるにも困り始めた。それで、その地方に住むある人のところに身を寄せたところ、その人は彼を畑にやって豚の世話をさせた。彼は豚の食べるいなご豆を食べてでも腹を満たしたかったが、食べ物をくれる人はだれもいなかった。そこで、彼は本心に返って言った。「父のところでは、あんなに大勢の雇い人に、有り余るほどパンがあるのに、わたしはここで飢え死にしそうだ。ここをたち、父のところに行って言おう。『お父さん、わたしは天に対しても、またお父さんに対しても罪を犯しました。もう息子と呼ばれる資格はありません。雇い人の一人にしてください』と。」そして、彼はそこをたち、父親のもとに行った。ところが、まだ遠く離れていたのに、父親は息子を見つけて、憐れに思い、走り寄って首を抱き、接吻した。息子は言った。「お父さん、わたしは天に対しても、またお父さんに対しても罪を犯しました。もう息子と呼ばれる資格はありません。」しかし、父親は僕《しもべ》たちに言った。「急いでいちばん良い服を持って来て、この子に着せ、手に指輪をはめてやり、足に履物を履かせなさい。それから、肥えた子牛を連れて来て屠《ほふ》りなさい。食べて祝おう。この息子は、死んでいたのに生き返り、いなくなっていたのに見つかったからだ。」そして、祝宴を始めた。（ルカ15・11－24）

福音書、あるいは新約聖書の全体は、金太郎飴《あめ》のようなものです。どこを切っても、同じ神の福音が現れてくるからです。何ページも読まなくても、二、三行読んだだけで、福音全体がそこに立ち現れてくるのです。聖書の伝えている福音はいつも同じで、しばしば短い言葉の中で言い尽くされています。

その中心に何があるのかを見ると、そこで神さまと人とが出会っています。出会って喜んでいる。お互いに別れていたものが、求め合っていたものが、そこで一緒になって喜んでいる。それが喜びの福音です。それが実現するということが福音です。そして、キリストの姿自体に、その福音があると言われています。キリストのおられるところにそうした神と人との出会いがある。それをもってこの方は世の救い主であると言われます。人がそこにおいて神さまと出会い、そこで喜んでいる。放蕩息子の話は父の家での祝宴で終わっています。その祝いこそ福音なのです。

キリストは世のすべての人の救い主であると言うとき、すべての人にこのような祝いが起こり得ると言っているのです。何から救われるのかと言えば、聖書は細々したものからの救いということを言ってはいません。いつも一貫して、罪からの救いということを言います。それならば罪って何だろうかと考えてみると、本来一緒にいるはずだったものが、どうしてもいられないようになってしまうこと、元に戻れないようになってしまうことがあり、私たちはそこから救われたのだと言うのです。

放蕩息子の話は、二人の息子がいた家族の物語です。家族は元来一つのものです。一緒にいるものです。家族の味はみんな知っています。しかし、この家の一人の息子は家族から離れてわけの分からないうら寂しいところへ行って、飢え死にしそうになっている。それは〝救い〟のない状態です。そこに罪に落ちた現実というものが描かれています。そこにおいて人は、自分の人間性自体も涸渇させて死に直面している。「その地方にひどい飢饉が起こった」ことは、偶然ではないのです。そうしたところから、もう一度帰ってきて、一緒に宴会をすることができる状態になったということが、罪からの救いということです。そのように福音書を読むと、あらゆるところに起こっていることは、別れていた神と人とが一緒になって喜んでいる姿なのです。

❖人を屈託から解放するイエスの姿

たとえば、町で罪の女がイエスの足元に行って香油を塗ったという話があります（ルカ7・36－50）。その女が涙している姿はいったい何を表しているかというと、まず第一に喜びです。なぜ涙が出るのか。その女には、たぶんいろいろなバックグラウンドがあったのでしょう。自分の中に大きな屈託がたくさんあったでしょう。そういうことはもうどうしようもないんだと、観念していたものもあったでしょう。そうしたあらゆること、どうしようもないと思っている事柄が消えた。期待しなかったのに解放され、安心して喜んでいるこの女は、ここで「多く愛している」（7・47）。この箇所は「多く感謝している」と訳すこともできます。そして、それは「多く赦されている」（同）からです。そこで赦しているのは神以外にありません、人の業ではない。そこに起こっていることは、喜びであり、人間性の回復です。

中風患者が運ばれてきたという話があります（マルコ2・1－12）。体も半分しか利かない、口もろくすっぽ利けないような状態にあったのでしょう。しかし、イエスは出会ったところで言います。「子よ、あなたの罪は赦された」、それは彼がたぶん一番待っていた言葉なのでしょう。だから、それはすべての救いとなった。彼は大喜びで自分の寝具を担いで出ていった。そのようにして、回復がおとずれた。

収税所に座っていたレビは声をかけられます（マルコ2・13－17）。「私について来なさい」と。彼の中で、自分はどうせたかが収税人である、どうせ宗教当局からは見離され、他の人間からも嫌われている、今さら自分でそれを変えるわけにもいかない、という思いがあったでしょう。そういう状態のときに声がします。「来なさい！」と。彼は自分でも信じられないままに、キリストに連れて行かれます。

悪魔つきが癒やされる、という話がたくさん書かれています。たとえば、マルコ福音書五章では、墓場を住処《すみか》とする人間がいて、夜昼叫びまわりながら自分の身を石や鎖で傷つけている。ここには全く救いようのない〝自分〟というものがあります。そしてそれを誰一人止めることもできない。もちろん、自分でさえもそれを止めることができない。このような人間が、イエスによって悪霊を豚の大群に追いやられて、もう一度「服を着て正気になって座っていた」と書かれています。

これらの話は、自分からはどうしようもない障害をキリストによって癒やされ、また神に戻る人間になれた人々の物語です。さまざまな形で表されているのは、神と人とが、本来求め合っていた者同士が出会っているところに実現している癒やしであり、喜びです。

なぜ、キリストにおいてそのようなことが可能になったのでしょうか。それはキリストの姿の中に、神さまの赦しが現れていたからだと思います。別の言い方をすれば、キリストの体に神さまの慈しみがみなぎっていたのだということです。赦しがあるだけではなく、善良さのみなぎっているところでは、自分の屈託を捨てることができるということです。人の屈託を吹き払ってしまうような神さまの慈しみがそこにみなぎっているから、人は救われるのです。

❖神の「憐れみ」とは

ヨハネ福音書八章に姦淫《かんいん》の最中につかまった女の話が出てきます。福音とは何かが、そこで試されています。神の愛、慈しみ、赦しが何であるかが実際に試されています。ファリサイ人たちの罠《わな》だけではありません。この〝罪の女〟の横に屈《かが》んで黙って地面に何かを書いているイエス、そこに神の愛がそのまま現れています。そこに立っている女は、もう自分としては逃げ場のないどうしようもない状態にあったでしょう。まさに、批判と断罪の真っただ中に連れてこられた。そして自分の心の中はほとんど整理されていない。どうなるかも分からない。自分をどうすることもできない。そういう状態の時、横に黙って屈んでいる男がいる。こういう人が横にいてくれたから安心することができたわけです。

福音書を見ると、愛とか慈しみとか憐れみとかという言葉がよく出てきます。それを当たり前のようにして、私たちは聞いています。赦しという言葉もしばしば出てきますが、それがどのようなものであるかを、よくよく見極める必要があります。ただ単に神さまは罪を赦してくださるとか、そんなものではありません。福音で要所要所に出てくる「深く憐れまれた」「憐れに思われた」という言葉は、可哀相に思ってやったというような言葉ではありません。原語のスプランクニツォマイ（splagchnizomai）という言葉は、胸が締めつけられるような気持ちになって、いたたまれない、という心情を表します。それが正確な神の心です。憐れみや慈しみを説くイエスの心に、神の心が正確に現れている、神の現れがあるわけです。

ルカの放蕩息子の譬え話が語られるきっかけとなったのは、ルカによる状況設定では、収税人や罪びとたちが皆、イエスの話を聞こうとして近づいてきた。するとファリサイ人や律法学者たちが、この人は罪びとたちを迎えて一緒に食事をしていると言った。そこでイエスは彼らにこの譬えをお話になった、ということになっています。このような状況を併せ考える必要があります。イエスはそこで何をしていたのか。うさん臭い連中と一緒に飯を食っていた。そして他の者がやいのやいの言うから、ここにいてなぜ悪いのか、と言っているのです。むしろ私がここにいるのは当たり前ではないか、と。一緒にいて、何の屈託もなく、飯を食っている、そのイエスに神の憐れみとか慈しみという言葉の内容があります。

悔い改めは、そうした本当の憐れみ、愛に触れたとき初めてできるものです。たとえば誰かと喧嘩《けんか》をしたとします。やはり具合が悪いから次の日に相手のところに謝りにいこうと思うのはなぜかというと、自分が行ったら向こうも「俺も悪かった」と言ったりしそうだとか、少なくとも「そんなこと忘れてくれ」と言ってくれるだろうという、ある程度の予想がつくからです。行っても絶対駄目だ、もう死ぬまで呪われているだろうと思うならば、やはり仲直りしには行けないのです。

人間は自分の屈託を超える神さまの慈しみに触れたとき、初めて自分の罪からの改心ということに気持ちが向くのです。気が向くというか、体が動くようになる。放蕩息子の話でもさんざんな目に遭ったときに、転機がおとずれます。いい日本語が使われています。

「彼は本心に返り」、転換をそういう言葉で語っています。本来の心に戻った、と。それから彼は内省します。「父のところには食物が有り余っている。わたしはここで飢え死にしようとしている」。つまり、家を出ていく時からこの時に至るまで、彼はずっと父の家が何であるのかということを知っていたわけです。そして、はっと気がついたとき、自分は一個のパンがなくて死にそうな馬鹿げた状態になっている。他方、父の家に行ったらパンがうなっている、ということも知っている。それを知っているから、改心の歩みを始めることができる。もしも、帰ったら簀巻《すま》きにされて川にでも放り込まれるんじゃないか、と想像するなら、俺はもう死んでもここに残るぞ、ということになるでしょう。悔い改めはそういうふうにして始まることなのだろうと思います。

❖人の「悔い改め」とは

それでは、この「悔い改める」とは何かというと、本来の自分、いつもそうありたいと求めていた自分に戻っていくということです。ここでも言っています。「そうだ、わたしは立って父のもとに帰ろう。そして父に言おう。お父さん、わたしはあなたに向かって罪を犯しました」。自分が間違っていたことを確かに言うのです。しかしこれを赦してくれるか、あれを赦してくれるかとか、そういう問題ではありません。私はあなたのところから離れていた。しかもめちゃめちゃな生き方をしていたけれど違っていたから帰ってきました。それだけのことなのです。

悔い改めがもたらすものは、結局、罪を赦すとか、罪から赦されるとか、そういう問題ではなくて、離れていた者がもう一度一緒になれるということです。ですから、そこに大いなる喜びがあるわけです。いわば〝宴会〟です。ありとあらゆるものを持ってきていいのです。牛を殺そうが、狸を殺そうが、指輪でも靴でも何でも持ってくればいいわけです。大喜びなのです。誰が喜んでいるのかというと、もちろん帰ってきた息子も喜んでいるし、親父《おやじ》さんも喜んでいるわけです。家中が喜んでいる。ですから、悔い改めというと何か陰気くさいと思われるかもしれませんが、それは祝宴なのです。

ルカ福音書十五章には、三つの譬え話が収められています。息子が帰ってきた。あるいは迷い出た羊が戻ってきた。なくなった銀貨が見つかった。大喜びする。そこで繰り返されるのは、「罪びとが一人でも悔い改めるなら、天のみ使いたちの前で喜びがあるだろう」という言葉です。罪びとが悔い改めたら、俺の言う通りになるからしめしめと、そんなことでもない。あるいは詫びをいれてきた、ざまあ見ろというわけでもない。そうではなくて、とにかく帰ってきたことが嬉しいわけです。それが悔い改めです。ですから神が喜ぶ、と言っているのです。神さまが喜ぶはずがないなどとは考えないほうがいい。要するに神さまが大笑いして喜んでいる。帰ってきたお前のためにもよかったし、私も嬉しいと。それこそ厳密に神の喜びなのです。そしてまた、神の家族である人間の喜びなのです。

❖どこまでも人を追っかけていく神の愛

他の二つの譬え話の場合、羊飼いにしろ、銀貨を失った女性にしろ、なくなったものをどんなにしても捜し出そうとします。良き羊飼いは、迷い出た一匹の羊がいるところまでどこまでも捜しにいくわけです。なぜか。とにかく戻ってきてほしいからです。どこに行っていても構わない。そちらが来ないなら、こちらが行こう、と。失われた銀貨の場合は、部屋の片隅で声を立てて「来てくれ」とも言えないから、女はどんなに手間がかかっても捜すわけです。

そうした譬えを超えて、キリストの歩まれた道というのは、罪びと（誰でもが罪びとなのでしょう）を徹底的に捜し求めた生涯なのだと思います。そしてそれは、キリストを道具として父である神が、人間一人ひとりを愛された行為なのだと思うのです。キリストを使って神がどこまでも追っかけていく、あの羊飼いのように。

カルワリオの丘の上には三本の十字架が立っていました（以下ルカ23・32－43参照）。そこではイエスが主役であったようですが、むしろそこに別の十字架が立っていたからこそ、イエスもそこまで上っていったのではないかと、そういう感じがするのです。二人の盗賊がイエスの両側で十字架につけられていた。一方は往生際が悪く、まだ罵っていた。それは放蕩息子が豚小屋でいなご豆も食べられなくなっていた状態に比べられます。もう一人の盗賊が言います。お前はそんなことを言っちゃいけない。俺たちがこうなっているのは当然だ。野垂れ死にする運命になっているのだ。だけどこの方は違う、と。そして「あなたがみ国に入る時に私を思い出してください」と言います。イエスは言います。思い出すとかなんとか、そんな問題ではない。せっかくここまで来たんだ、「今日あなたは私と共に楽園にいるであろう」と。楽園、パラダイスという言葉が使われています。この泥棒は最後に天国まで盗んだなどとよく言われますけれど、それはあの泥棒がうまく立ちまわったからではなくて、イエスがそこまでついていったからなのです。あそこには、キリストを通して神がどこまでもどこまでも、人の来られない状態のところにまで罪びとを追いかけていった、その姿が現れているようです。

ヨハネ福音書は「神は、その独り子をお与えになったほどに、世を愛された」（3・16）と言っています。それは、神がキリストを通してどこまでもどこまでも罪びとのいるところまで追いかけていったということでしょう。罪びとを罪びとのまま愛された。そしてそこに留まった。キリストがもし他ならぬ神からのメッセンジャー、使者であるならば、神の意志だけ述べれば、あとは関係ない、さようなら、というような使者ではあり得ない。私は罪とは何の関係もないから罪びとは十字架にかかれ、と。そうではなくて、キリストのもたらしたメッセージは、残念ながらと言うか幸いにと言うか、愛であるから、そのまさよならというわけにはいかない。私は一緒にそこに留まる、と言うのです。

❖自己矛盾を起こすほどの愛

昔から、キリストは私たちすべての罪を担って十字架にかかってくださった、という言い方をします。ここには深い真理があると思います。罪を負っているからそこに残らざるを得なくて、自分も罪びとと同じところに留まっている。神に見放されても仕方がないというところまで、罪びとの方を大切にした。だから、「わが神、わが神、なぜわたしをお見捨てになったのですか」（マタイ27・46）という言葉が示すように、罪びとが味わう境地を最後に味わわれたのでしょう。そこに神の愛があります。

よく下世話に、お前とならば地獄までも、とか言います。そういうのは浪花節《なにわぶし》の世界だけで、信仰者の言うことではないみたいに思うかもしれません。しかし、よく考えてみると、神の愛というのはそれに近いのです。もうお前と一緒にいるためならば、他はどうなってもいい、それで呪われても構わないというような。

イエスのとった道、罪びとを愛するという道は、元来、罪を持った人間は神に逆らっているということですから、ほとんど矛盾なのです。ところが、神が人間を追いかけていく。「神は、独り子をお与えになったほどに、世を愛された」。その愛を突きつめていくと、ほとんど神は自分の中で自己矛盾を起こしているようなものです。そういうことについて最近、ある神学者が『十字架につけられた神』（J・モルトマン著　新教出版社）という本を書きました。自分自身が十字架にかけられても構わないといった神の思いの中に、神の愛とか憐れみとか、赦しというような言葉の根があるわけです。ですから、これは神の行為です。そして神が愛されるという福音です。たとえあなたがどんなことになっても愛する。それが福音の中核なのです。だから罪の赦しがあるのは当然であると分かると思います。

ただ、「赦してくださる」といったレベルをはるかに越える神の愛があります。放蕩息子の譬え話を見ても同じことで、この息子は家に帰るために旅立つ前からちゃんと自分の言うべき詫《わ》びの言葉を頭の中でいろいろ考えていく。しかし帰りつくやいなや、父親の方が走り寄ってきて、その首を抱いて接吻した。そうされると詫びの言葉が言えない。ですから、おくれて後から言っています。言っても父親はもう聞いていません。さあ、はやく最上の着物を出してここに持ってきなさい。嬉しくてしようがないわけです。息子の罪は赦されている。けれども、赦すとか赦さないとかいう問題はもはや通り抜けています。これが福音です。ですから、福音というのは祭りです。

❖教会は福音の中核をそのまま続ける

こうした神の愛というものがあるならば、そしてそれが福音ならば、この祭りは教会の中にあるはずなのです。教会のしるしを通してそういうことが起こるはずです。

それがどこにあるかというと、まず第一に、洗礼にあります。洗礼において、いろいろなところをさまよっていた人間が、はっきりした形でキリストの名において、神のもとに来ようとしている。天上では大さわぎ、大喜び、宴会です。当然、その人のあらゆる罪は、その時点で全く赦されるということを、昔から教会は教えています。ミサに与り、ご聖体を受ける。そのたびに、人は自分の罪から赦されるとも言われます。キリストと一つになるからです。

あるいは、病者の塗油を通して、その人の罪が赦されると言います。自分にとって最も難しい試練、どちらに転ぶか分からないような情況の中で生きている人間に、神が駆け寄らないはずがありません。駆け寄ったときに、罪が赦されないはずがないのです。ですから何もゆるしの秘跡だけが赦しではありません。たぶん、ゆるしの秘跡の場合は、割合に普通の生活条件の中で、このように神から出ていってハッと気づいて戻ってきてまた出会う、出会って喜ぶ、そういうことが起こるのでしょう。

このように考えると、罪とか罪の赦しというのは、自分の小さな欠点のために心を責めたり、思い悩んだりということよりも、こだわりを持っている自分を捨てて、神が語りかけられているものに飛び込んでいく、応えていく、ということが中心です。当然、自分の罪を悔いるということがあります。それは、神の愛に対して、自分のあり方が、どんなにちぐはぐであるかを、その時点で感じるからです。

たとえば、あの息子は、父親がどんな気持ちでいるかということに気がつかないほど馬鹿ではなかったと思います。自分が遠いところに旅立ち、放蕩に身を持ち崩している最中であっても、父親は何をしているかということを知っていたと思う。どんな気持ちでいるかということを知っていたと思います。帰っていくまで、その気持ちの重荷はあったでしょう。しかし、それは愛されているからです。自分を悔いるということは確かにあります。しかし、それは愛されている中で初めて悪かったと思うことなのです。愛がないところでは、罪もたぶんないのだろうと思います。

人の関係でもそうではないでしょうか。お互いにあまりよく知らない間柄では、たいてい失礼にならないようにふるまい、丁寧に話し合いなどして、相手を傷つけるということはほとんど起こらないわけです。しかし、親しくなり、相手のことを思って行動するときに、ちょっとした行き違いで相手を大きく傷つけることがあり得る。あるいは傷つけられる可能性も大きいわけです。

あの放蕩息子は、家を出ていくときから帰るときまで変わらない父の心を知っていました。それに気がついたとき、申し訳ない、有り難いと思う。こういうことが痛悔ということなのだろうと思います。

2 経験から知る罪

❖罪の存在とそれに気づくこととの違い

私が忘れられないのは、自分の召し出しのときのことです。二十歳でイエズス会に入ったのですが、母親は自分も洗礼を受けていたものですから、それはいいことだと言って、あまり反対しませんでした。それで、私は家を出ていく間際に、「大したことではないから、あまり心配しないように」とか不用意な言葉を使ったのです。そうしたら、母親がすごく泣いたのです。そのとき、私はすごく悪いことをしたと思いました。いいことだから行けと言う。それ以外は何の素振りも見せなかった。しかし、出ていかれるのはやはり嫌なのだとか、悲しいことなのだとか、そういうことが自分にはよく分かってなかったわけです。泣かれたとき、分かりました。私は悪気で言ったことではなかったけれど、すごく悪いことをしたと思ったわけです。以来、母親には嘘《うそ》をついてでも、とにかく悲しませることだけは絶対するまいと決心しました。守れているかどうか分かりませんが。

罪というのはたとえば、その人に選択の自由があったかとか、その人の責任かとか、そんな問題はどうでもいいのです。人が悲しんだり、えらいことした、俺は馬鹿だと思うとき、やはり悔います。ですから、罪の問題は愛の問題であると考えるべきです。福音に示された罪理解は、自分自身で体験する罪とどういうふうに関係するのか、罪はどういう形で現れてくるか、について別な見方から話を続けたいと思います。

まず第一は罪の事実です。つまり、罪は非常に強い力として存在するということ。よく「世の罪」という言い方をしますが、罪という現実は世の中にしぶとく存在しているということを認めないといけないと思います。あるいはまた、教会の中にも罪がたくさんあると思う。一人ひとりの人間にも罪深さがあると思います。その罪の現実を、軽く考えてはいけないと思います。

自分には罪がないと言う人もいるかもしれません。罪だ、罪だ、と言うのは狂信家の言うことであって、罪は要するに非合理だと。何か物事に至らない点があったとき、失敗があったとき、やり損ないがあったとき、あるいは悲劇が起こったときに、人は罪を感じるのだと言うかもしれません。特に合理主義的な人は、こういうふうに罪を片付けてしまいます。私は神さまを冒瀆《ぼうとく》したことなどないと言っても、他の人を踏みにじっていたりしたら、やはりそれは罪なわけです。罪かなあと思ったら、ヤッと気合いのようなものでそれを消してしまうなどというような、器用な人もいるそうですが、こういうふうに何でも罪ではないとしてしまうのは、正直でないと思います。やはり自分の中にある負い目とか、罪悪感とかいうようなものをよくみつめる必要があります。

そうすると罪とは、自分が失敗したとか、自分に能力の限界があるとか、思い違いをしたとか、そういうこととは違います。罪には何か悪しき欠陥といいますか、そういう悪いものを感じる。それが、神から来るものではないからです。結局は自分から来ているものなのです。自分の責任である、自分の自由から来ているということ。つまり、自分に責任を感じるのです。そういう責任を感じる、あるいは、自分が何か悪しき行為をとっていると感じるのはどういうことかをさらに考えてみましょう。

自分の方にはいつも善いものが働きかけてくるのだと思います。機会があるごとに、自分が触れていくもの、出会っていくもの、体験していくものの中に、善いものが現れてくる。しかし人はときとして、それを自分の方からブロックしてしまう。善いものに応えない。せっかく善いものが実現しようとしているのに歯止めをかけてしまうということがあります。そうしたとき、やはり自分の中に悪い感覚が生まれてくる。

ヨハネの手紙一の一章十節に、こういうふうに書かれています。「もし、私たちの中に罪がないというなら、それは神を偽り者とすることである」。非常に的確な言い方がなされています。私には罪がないのだと、それで押し通そうとするならば、あるいは、俺がどうしようと俺の勝手だと押し通そうとするなら、外からやってくる善きものの方が間違いということになる。つまり、神の語りかけ、誘いを偽りと断定してしまうことになります。俺が正しいのだ、と言うことによって。しかし、自分に正直になってみたら、そんな馬鹿なことは言えないのです。

❖罪の自覚は神の愛の自覚と切り離せない

罪があるということと、自分が罪にどの程度気づくかということとは違います。まず初めから言えることとは、自分の罪の大きさは最後まで十分には分からないと思うのです。しかし愛の問題ですから、神の愛が分かれば分かるほど、あるいは、神の真剣さが分かれば分かるほど、自分の罪もよく分かってくるのでしょう、ある程度まで。

こういうふうに考えますと、キリスト教でよく罪、罪と言うのは、偶然ではないと思います。罪が尖鋭《せんえい》に問題と感じられるのは、特にキリスト教の信仰の中においてです。私の中にたとえば、こうした罪がある、ああした罪があると数え上げることができるとすれば、それはある意味でちょうどそれに匹敵する神の愛が、ある程度、自分に分かっているということになります。自分が冷淡であることを本当に罪として受けとめる気持ちがあれば、そこに神さまの愛、優しさ、あたたかさの恵みを受けているしるしでしょう。

罪のリストが自分の中に多ければ、たぶんそれだけその人は神さまの愛のリストを、もっと豊富なリストを持っているのではないかと思います。だからそうしたことが分かったとき、初めて放蕩息子のように言うわけです。「父よ、わたしはあなたに対して、罪を犯しました」と。あなたに。はっきり相手が分かっています。それでなぜ悪いことをしたかということが全部よく分かるのです。それはそれだけ父の愛が自分に感じられているからです。

そういうことからしますと、罪は神の愛からだけある程度理解できるものですが、それ自体を理解しようとしても分かりにくいものです。罪は、こういう言い方が許されるならば、一つの神秘だと思います。人間が分かるようなものではないから、そして同時に、あなどれないものだから。理解しようとしても理解できないのが罪なのです。罪のことをいろいろ思い悩む人は、それが何か理解しようとする。それが行きつく先は、せいぜい自己弁護が生まれるだけです。分かろうとしても分からないから罪なのです。

❖罪の神秘を超える愛の神秘

なぜこんなことがあるのだろうかと思うことがいろいろ起こってくる。しかもそれは人の世に、いわばアダムとエバから始まって、どこにも充満している傾向です。どうしてそうなるのか分からないから、そうした罪の大きな現実を原罪というわけです。あらゆる世代、あらゆるところにそういうものがある。嘘を言ったり、言い訳をしたり、人を殺したり、妬んだり、喧嘩したり、威張ったり、そういう人間の動きは世の法則のようになってしまっています。それは創世記の初めの十章くらいに限られるものではありません（そこでは原罪と罪が全地に広がった様子が描かれている）。兄弟殺しとか、傲慢な態度とか、神さまを忘れて馬鹿騒ぎするとか、そのようなことはいつの時代でも同じです。毎日配られる新聞の三面記事を見たらいっぱい、腐るほど載っています。三面記事だけでなく一面の政治や経済についても、一応高尚に書いてあるけれど、その裏で何が起こっているかといえば、同じようなことが多々起こっているわけです。

なぜなのでしょうか？　たとえば、有志の人たちが平和運動とか人権擁護運動とか差別撤廃運動とか、いろいろな善いことをほそぼそとやります。でも、ほとんど誰も振り向かないから、あまり効果が上がらない。本来、当然であるべきことが、なぜ、大騒ぎをしても何も効果を及ぼさないのか。それだけ罪の現実は、皆がおかしいと思っているにもかかわらず、強い。なぜか、分かりません。罪には理解できるところがない、理解できるものはたいてい善いものです。こういう言い方もちょっと変かもしれませんけれど。しかし、昔からスコラ哲学で言われているのは「真理と善と存在はすべてお互いに交換することのできる概念である」ということです。

そうした罪の抜きがたい傾向がこの世にあり、自分もその中に生きる一人であるということです。罪に運命づけられているというわけではありません。しかし、ある人の言い方をすれば、ラジオの波長を合わせるかのごとく、その波長に自分をパッと合わせてしまう。そうしたとき、自分の罪が生じる。

こうした罪の現実の中で、罪の一つの特徴は徹底的に無意味であるということです。物事にはたいてい何かいいところがあるものです。交通事故に遭って片足を失ったら何で俺がこんな目に遭わなければいけないのかと思うかもしれない。しかし、もしかしたら、そのことがその人の一生にとって意味のあることになるかもしれません。どんなことでも意味のあることになるかもしれないという可能性があります。しかし、罪はどう考えても意味がないのです。

　罪はさらにたちが悪いことに、自分からそれを癒やすことはできないということがあります。自分の負い目を自分で赦すことはできない。それどころか、誰も赦すことはできない。負い目を持った人間が隣にいて、どんなにその人を可哀相に思っても、では私が赦してあげましょうとは言えないのです。言ったところでしようがない。神さましか赦せない。

　こうした罪の神秘というものがあります。罪には底知れない深みのようなものがある。そうするとたとえば、ゆるしの秘跡に与り、自分を糾明するとしても、自分の罪が理解できるのはある程度までです。ある程度までは分かるけれど、本当にどれぐらい罪深いのか、最後には自分でも分からなくなります。あるいは、それが罪であるか罪でないかさえも。こうしたことは最終的には人間の手に負えません。こういう底知れない罪については、計り知れない神の愛に全部任せる以外ありません。ですから、ある程度、自分の罪をわきまえるべきですが、それから先は神からの愛と神への愛の領域の問題です。

　放蕩息子が父親の許に、とにかく帰ろうとした、それが正しい態度なのです。この息子は父親の許に帰って、私はこんな罪を犯しました、あんな罪を犯しました、といちいち言ったわけではない。そうではなくて、私はあなたから離れていた、そしてあなたが悲しんだことに対して悪いことをしたと言っているのです。

善きものの働きかけを自分で拒んでいると言いましたが、この善きもの、神の愛は、私たちにいつでも働きかけているのです。ほとんど空気のように、いつでも自分の方に働きかけているのにしょっちゅう逆らっている。それをもう一度そこに戻る。罪が一つの秘義であるとすれば、神の愛の秘義だけが、それを包み込むぐらいの底なしの深みを持っているのです。ヨハネの手紙一では、そこのところの悟りについて語っているのだと思います。

わたしたちは自分が真理に属していることを知り、神の御前《みまえ》で安心できます、心に責められることがあろうとも。神は、わたしたちの心より大きく、すべてをご存じだからです。（3・19－20）

自分の中で良心が痛んでもまだ安心していろ、と言うのです。神さまの心はもっと大きいから、と。そこなら大丈夫だと言う。そういうことは信仰の事柄です。

3　何が罪なのか——大罪と小罪

❖罪を犯すことと罪びとであること

もう少し具体的に罪を考えてみましょう。罪についてはやはりキリスト教においてよく問題とされますが、プロテスタントとカトリックでは少し傾向が違うように思われます。プロテスタントでは、最初の部分で言ったようなことが強調されていると思います。つまり、神さまの限りない愛、キリストにおける無限の愛を考えたとき、自分はいつでも罪びとである。この愛に十分に応えていない。人間ですからいつでも十分に応えることができない。だから私は罪びとである、と。いつでも罪びとであるというようなことになる。それは正しいです。しかし、あまりそういうふうに、私は罪びと、罪びとと言っているだけでは、抽象的で罪の実感がなくなってしまうという危険があります。

カトリックの場合はその逆で、非常に具体的になる傾向が強いのです。祈祷書《きとうしょ》に何十ページにわたって罪のリストが書いてある。十戒にそってとか、教会の六つの掟に従ってとか、何をしたか何をしなかったかとか、ごたごたいっぱい書いてあります。だから、これは○、これは△、これは二回、あるいは三回とか、そういうふうなやり方で自分を反省することになりがちです。まるでお皿を三枚割りました、カップを二つ壊しました、というような感覚がある。そういう場合、ときとして自分がたまたま運が悪くてお皿を落としたみたいに、やっちゃった、でもとにかくお詫びして罰を受けないといけない、という感覚が少し強くなってきます。

告白の準備のときに用いる祈祷書のいろいろな罪の表みたいなものがどうやってできたか、ご存じですか。個人的な告白の習慣は、紀元六世紀に、アイルランドから伝わってきました。基本的にはいいことです。いいことですから、皆喜んでどんどんそれを受け入れたわけです。それと同時に、罪の種類に従って、いろいろな償いを区別する必要が出てきました。昔の償いは厳しかったですから、「アヴェ・マリアの祈り」（聖母マリアへの伝統的祈り）を三回とかそういうものではない。たとえば、信仰を裏切ったとか、人の妻を取ったとか、そんなことがあったら、教会の交わりに入れないで、何十年もかかってその償いをするようなことがあったわけです。そういうことから、私的な形での罪のゆるしの秘跡が広がったときに、罪の種類によって償いをどうするかという問題が起こりました。それで、こういう罪はこれくらいの償いとか、こんな罪はこれくらいという、値段表みたいなものができたのです。それがどんどん緻密化していって、何が罪であるかというよりも、むしろ償いの値段表を作るために、罪が細分化されて整理されていったという経過があるわけです。そうした伝統に立って罪をどんどん具体化していくと、自分の実存自体とは関係がないような感覚を持つ場合もあり、これもまたちょっとおかしいのです。

ではどうすればいいのでしょうか。真理は中庸にあり、とでも言うべきかもしれません。たとえば、罪を犯したとします。罪は何か抽象的にあるわけではないですから、具体的な事柄を通して、自分が悪いことをしたというようなことがあるものでしょう。しかし、そこで問題になるのは、その犯した罪自体より、犯した自分なのです。つまり罪を犯すということは、それと同時に自分が罪びとになるということが重大なのです。一つひとつ何をしたかということよりも、そうした行為をしている自分の心根が問題になる。その方がもっと永続性のある問題だからです。その人が愛に背いている状態、神に背を向けたままの状態になっている、ということが問題です。

❖大罪は愛のない一貫性

そういうことから、通常言われる大罪と小罪という区分について、少しお話ししておこうと思います。よく言われるのは、大罪とは根の部分がもう駄目になっていることであり、また小罪とは、根は健全だけれど、枝葉のところがどこかちぎれていることであると。こういうイメージの持ち方は基本的に正しいと思います。

人を殺すとか、他人の家庭をメチャクチャに壊すとか、そういう行為はやはり大罪なのでしょう。やっていけないことに手を染めたとき、そこで自分自身が潰される、神から切り離されるということを感じるだろうと思います。ですから、教会では大罪は必ず告白して、赦しを受けるようにというわけです。確かに、そこで改める、そして赦されることが必要です。しかし、それでも、やった行為を通して、その人が神に背を向けているということの方がもっと問題です。もちろん人を殺しても背さえ向けなければいいというわけではありませんが、そういう状態が持続することが問題だと思います。たとえば、大喧嘩をしたとき、すぐに、自分から仲直りするということは普通、無理です。むしろ大喧嘩したら、どんどん離れていくばかりということが多いわけです。

大罪、小罪という日本語での言い方はあまり適切ではありません。たとえば、ラテン語で大罪は、ペッカトゥム・モルターレ（peccatum mortale）という言葉が使われています。モルターリス（mortalis）というのは、要するに死をもたらす罪ということですから、そうしたものは救いようがないというわけです。

そういうふうに考えますと、必ずしも人を殺したとか、他人のお嫁さんを取ったとか、そういうようなことでなくても、救いようがなくどんどん神から背を向けていったときは、それはある種の大罪であると言えるかもしれません。それを自分で分かっているかどうか分からない。「自分はものすごく間違っています」と言いながら間違ったことをしている人はわりと少ない。それはまだ小者です。大悪人は、自分がやっていることに自信を持っています。最後の審判のラッパが吹き鳴らされても、「私は何も恐れない」などと言っている人の方が危ない。自分の姿勢自体が完全に関わっているわけですから、そこにある罪を認めないということは大いにあり得ます。

ですから、考えてみると、地獄にはどんな人が行くかというと、結構、首尾一貫した人が行くのではないかと思います。私はこの道で行くと決めたら絶対振り向きもしない。私は正しい、俺は孤独で生きるとか、とにかく一貫して神の愛と逆な方向に行く人間がいたら、その人はある意味で自分で地獄を作っているわけですから。自分は何か悪いことをしたのではないか、間違ったのではないかとおどおどしている人なら、まず地獄には行けないと思います。結局、〝自分の道〟を歩むと言う人が、神から、愛の道から離れていくというところに、救いようのなさがあるのだと思います。

❖矛盾した行為である小罪

一方、小罪とは、何も百円盗むと小罪で千円になったら大罪という問題ではなくて、ラテン語では、ペッカトゥム・ヴェニアーレ（peccatum veniale）と言います。赦すことが可能な罪、赦されることが可能な罪、救いようがある罪ということです。根が腐っていなくて枝葉だけが腐っているということは、自分の中で一貫していない、いわば矛盾した行動をとっているということでしょう。にもかかわらず、そうしたものは、確実にある部分を殺します。枯らすわけです。愛の成長を妨げるわけです。ですから、たかが小罪だからという態度はやはり許されないのです、きついけれども。

小罪とはいったいどんなものかを思いつくままに言えば、怒り、忍耐のないこと、粗雑さ、悪口、自愛心、意地悪、臆病、傲慢、慎みのなさ、人をからかうこと、ごまかすこと、むら気であること、だらしないこと、えこひいきすること、下品なこと、いこじになること、自慢すること……。こういうようなことを言っていたら、誰も無罪では通り抜けられるはずはないと思いますが、だからといって軽く見てはいけないのかもしれません。馬鹿にしてはいけないと思います。そうしたことが自分をどれだけ鈍くするかを考えれば、それと戦うことがやはり必要だと思います。

その場合、考えの切り換えだけで、変われる可能性もあります。しかし、また、自分の生き方の中で解決していかなければいけないことも当然あります。あることは、何年もかけて少しずつ変化していくような性格のもの。あることは医者が必要なことかもしれない。

あることは一生ほとんど変化がないかもしれない。特に今のような複雑な社会では、人間の心理も非常に複雑になっています。しかし、生きている限り、どれ一つとして放っておいていいと言えるものはないと思います。放っておかないところに、人の誠実というものがあるのではないかと思うのです。

❖現実的な自己糾明を

糾明についても少しお話ししておきたいと思います。実際に自分を顧みるとき、特定の罪のリストや、徳のリストというようなことから少し離れる必要があります。十分にその掟を全部守ったか、どこか違反がなかったか、自分は愛徳に反したか、傲慢であったか、あるいは、キリストを愛していなかったとか、そういうことを言っても、あまりはっきりしないわけです。他の人の糾明や抽象的な糾明ではなく、自分自身の糾明をしてみるということです。

笑い話にあるでしょう。ある奥さんが来てご主人の罪ばかり告白して行ってしまった。そういう人には、今度は、ご主人に奥さんの告白をしてもらわないと帳消しにならない。そのままでは、奥さんの罪を赦せないことになるから。

とにかく、自分は罪を犯したか犯さなかったかとか、あれは罪ではないかとか、そんなことを考えていては本当の糾明ができなくなることがあります。そうではなくて、今自分はどんな状態であるかということを考えてみればいいのです。私は今いったいどんな生活をしているか、自分の家庭はうまくいっているか、仕事はうまくいっているか、毎日の生活の中で何か不満があるか、あるいは心配事はどうかとか、そういうことを考えてみるといいのです。

もし、しっくりいっていないことがあるなら、なぜか。自分の中に原因があるのか、外に原因があるのか。自分の性格か、運が悪かったからか、能力の限界か。あるいは自分の罪深さからきているかもしれない。一生懸命にやっているけれど、どうしてもうまくいかない、何をしても人に好かれないとか。多くの場合、何かうまくいかないというのは、自分の中の奥深くに罪の根があることがわりと多いのです。一生懸命にやっているのに、自分は正直なのに、真面目なのに、どうしてこうなるのだろうと思うようなときは、自分も周りも気がついていないけれど、自分の冷たさであったり、エゴであったり、自分勝手であったり、あるいはかたくなさであったり、そういう悪しきものが根にあることがわりとあります。

そうしたことをやはり少しでも気づくということが、大切なのです。そういう覚めた糾明をして、そこで本当に自分の罪なり、限界なりを見る必要があると思います。

4　ゆるしの秘跡について

❖告白は福音の再現である

ゆるしの秘跡についてもう一度簡単に見るならば、この秘跡自体、救いの福音が再現されることです。キリストに出会った人たちが救われたように、「神に対して罪を犯しました」との告白に対して、「あなたを赦します」という言葉を聴くことを通して、神の愛に戻っていく、そこに生まれ直す出来事なのです。祝宴なのです。そこで罪が赦されるのは当たり前であって、さらに癒やされる。

ゆるしの秘跡を体験した人は分かると思いますが、罪の赦しと同時に、それを通してものすごく嬉しくなったり、新しい生命を体験したりします。

それはただの赦しとかの問題ではなく、大きな恵みです。ちょうどあの放蕩息子と同じようなプロセスがあるわけです。本心に帰り、自分を思い直し、糾明があり、痛悔があり、悪かったと感じ、ある決心があり、告白し、そして感謝する、というプロセスがあります。これは一つひとつをとやかく言う問題ではなく、自然な流れです。

秘跡は当然罪の赦しをいただくためである。告白しなければいけないものは大罪である、という言い方がされます。あるいは、年に一回は告白すべしというように、いかにも掟のようになってしまっています。しかし、そうではなくて、もともと宴会であるということを考えたとき、人間はいつも離れていき、離れては帰ってくるものなのです。ですから、別に毎日毎日、今日は三人殺してきましたとか、そんな告白をしなくてもいいわけです。よく昔から言われている「信心の告白」という意味は、そういう義務ではない告白のことで、しかし、自分を打ち明けて、その中からまた生かされ、また進むというものです。ですからそういうことは、人にもよるし、時期にもよると思います。

これという目安もないのでしょうけれど、たとえば二～三カ月に一度ぐらいずつ告白する習慣を持った人は、そういう心の流れに連続性ができるし、いずれにせよ、そうしたことが一つの恵みであるということです。罰だとか、しなければいけないからということからするものではないのです。

❖汚れを清めるという考え方の危険

最後に注意しておきたいと思いますが、告白ということは、確かに人にとって心理的な抵抗感もあると思います。しかし、もともと恵みの秘跡ですから、神経質になったり、義務感で秘跡に与るというのはあまり意味がないということです。特に、自分の心が汚れたから清めてもらうというような発想をしだすと際限がありません。

特に性の問題について厳しく言われていたものですから、何かそういうことと関係すると、自分は汚れたとか心配する。告白したけれど、また同じようなことが起こってくる。それでまた告白する。告白するまではずっと汚れている、というふうに。でも、人間はそんなにすぐ汚れたり、汚れがとれたりはしません。そういうときは、だんだん神経質になるし、生活が暗くなります。何のために自分を清く守るのか、また清く守ったけれどガリガリの人間になってしまったというなら、果たしてそれに意味があるのか。

問題は、そうしたとき、特殊人間をつくってしまうことです。その人は放蕩息子の改心の喜びになっていません。もしかしたら放蕩息子の兄のケースは、若干それに近いのかもしれません（ルカ15・25－32参照）。最も問題なのは自分のことしか考えていないことです。赦していただかないといけない、赦していただいた、清められた、それらは皆自分のことで、他の人のことを全然考えていないわけです。ある本に、そういう人は、精一杯着飾った女性のようなものである、と書いてあります。おめかしして、最上のものを身につけて、化粧して歩く。そうなると、うっかり何かに触れられないわけです。触れたら何十万もしたドレスが汚れるし、愛犬が来たって抱いたりしたら毛がつくからできるだけ避けて、とにかく汚れないようにして、何のためにきれいな洋服を着たのか分からないようになっている。過度に着飾った人などだいたい見るからにそういう感じがするでしょう。そういう人は自由に行動できない。結局は自分のことしか考えていません。

何が大切なのですか。もっと神さまを愛したいということ。もっと人を愛したいということ。何かの役に立ちたいということでしょう。失敗もするでしょう。場合によって怒ることもあるだろうし、汚れることもあるかもしれません。でも汚れなしで、何もしないで一生終わるよりもずっと幸せです。

ですから、このゆるしの秘跡も、汚れるとか汚れないとか、けちなことを言わないで、本当にそこにある大きなキリストの福音、愛の福音を考えて、その恵みを大切にしたいと思います。この秘跡を大切にしたいと同時に、神経質になることではないということもつけ加えておきたいと思います。

キリストの形見——聖体の秘跡

今日はミサと聖体の秘跡についてお話しします。「ご聖体」という私たちが、いつも親しんでいる事柄を、もう一度その根本から考えてみたいと思います。

私たちイエズス会石神井共同体は、交代で全生園というハンセン病の施設を訪ねます。日曜日のミサのためです。広い敷地にはかなり多くの患者さんがおられ、カトリック信者の方も結構おられます。ミサが終わると引き続き、聖堂まで足を運べない信者さんに聖体を配って回ります。一人の方がずっと案内してくださいます。相当広いので、案内してもらわないと分からないのです。

順番に棟を回って聖体を授けていきますが、たいていの方は既に敷居のところまで来てペタッと座って待っていらっしゃいます。で、そこを回って、さらに世話の必要な方々の病棟を回って、聖体を授けていきます。そうしますと、もうそれだけで四十分か五十分かかります。そうやって回っていると、本当にこの聖体というものが、一人ひとりの信者とキリストを結ぶ貴重な絆だなと思います。そういう気持ちをもって聖体をお受けになるのだろうな、と実感するからです。

聖体は、これまでの歴史の中でも、ありとあらゆる形で人々を生かしてきました。どのような人間の状況の中でも、人に希望を与え、育み、生かしてきたのでしょう。そこで、この聖体の秘跡というものについて考えてみます。まず言えることは、聖体の秘跡は単に七つの秘跡の中の一つというようなものではない、ということです。聖体の秘跡は最も根本的な秘跡であり、教会の現実そのものであるとも言えます。聖体祭儀が祝われるところ、そこに教会そのものが具体的に実現していきます。ですから、諸秘跡の一つと言うよりも教会の秘跡そのものである、と言えるでしょう。

1　別れの晩餐《ばんさん》——「現場」に立つ

それでは、ミサとか聖体とはいったい何だ？　と言えば、一言で言うのは簡単です。キリストの弟子たちとの別れの晩餐の記念です。それですべては言い尽くしています。ただ、その「別れの晩餐の記念」ということは途方もなく深い意味を持っています。その大きな意味を私たちはどの程度意識しているのでしょうか。私もこのお話をするために、もう一度いろいろと反省してみましたが、やはり普段考えないほどの深い根を持っていると感じました。そこでまず「晩餐の記念である」ということから、その晩餐自体がもっていた意味をもう一度反省してみたいと思います。

❖最後の晩餐という歴史的原点（ルカ22・14－20）

「晩餐」ということでお分かりのように、聖体の秘跡は、はっきりとした時間・空間、つまり歴史の一点にその出発点があります。何か観念的なものではない。歴史のこの一つの出来事、そこに原点があります。それで、その原点を何度も繰り返します。ただ「記念」されるというよりも、いわば「更新」されていきます。それがミサです。そこでこの「現場」に自分の身を置いてみましょう。

❖イエスの置かれた状況

ミサの中心的な部分に入ると、第三奉献文の場合、「主イエスは裏切られる夜、パンを取り……」という言葉で始まります。日本語では、「渡される夜」というような少し穏やかな訳語を使っていますが、この「パラディドマイ」（ギ）という言葉は「裏切られる」という意味を持っています。このような言葉自体が、この晩餐の置かれた状況というものをよく表しています。あの最後の晩餐、そこでは食卓を囲んで最も親しい人々とイエスとが一つになります。それは家族のように集まった出来事だと思います。

しかし同時に、その家族のように集まった人々は、必ずしもすべてが和気あいあいで一致していた、というわけではありません。その中の一人ユダは、すでに自分の腹の中でイエスを根本から否定している。あるいは、他の弟子たちもその場で、「いったい誰が一番偉いのか？」といった論争を始めている。あるいは、自分がずっと一貫して頭《かしら》と選んできたペトロ、彼が結局わが身かわいさに、やがて自分を捨てて逃げていくのだということを、イエスは既にはっきり見ている。

このように見ると、イエスは家族のように集まった者と晩餐をしているけれど、それと同時に、そこにある状況の頼りなさというようなものをしっかりと見据えておられる。そしてたぶん、その奥にあるいわば「闇の力」とでも言いましょうか、悪の力や人の脆《もろ》さといったこの世の力というものの凄《すさ》まじさとを見据えておられたと思います。

それは最後の晩でありあます。自分がなそうとしていたことをほとんど終えようとしているにもかかわらず、いわば世の力というものは、凄《すご》いしつこさをもって存在するんだ、ということをありのままに受け止めておられたと思います。

弟子たちのこのような状況——まさに「裏切られる夜」に持たれた晩餐であります。ここに集まった弟子たちも、こうした闇の力、そういったしがらみというものに捕らえられ、足をすくわれた状態のままでいること、そうした現実を見ながら、イエスはこの晩餐において、その頼りない弟子たちに自分にとって最も大切なことをなそうとしている。自分自身いっさいを、この人たちに与えようとしている。計り知れない、たぶん後々に至るまで重要な事柄をこの弟子たちに託そうとしている。ここで起こっていることは、やはりとてつもないことだと思います。

❖「決死の覚悟」

福音書は、それぞれにその場面を描いていますが、今はルカ福音書の二十二章十四から二十節に従って、いわばその「現場」に臨んでみることにしましょう。ルカは次のようなイエスの言葉で始めています。「わたしは苦しみを受ける前に、あなたがたと共にこの過越の食事をしようと切に望んでいた」(22・15)。こういった言葉を吐かすイエスの心というものに入り込んでみる必要があると思います。

「苦しみを受ける前に」。まず、気がつくことは、このような言葉を語っているイエスには、いわば決死の覚悟があるということであります。「決死の覚悟」。自分の使命を全うするために私は死ぬ、ということを既に決めてしまっている。そして、そういう生命を投げ出したところでだけ、成立するような事柄を今しようとしているということです。それがこの晩餐です。これはもう生命を捨てることを前提とした、そこを出発点とした晩餐であります。

ヨハネ福音書は、晩餐の書き出しで次のような言い方をしています。「父のもとに帰る自分の時が来たことを悟り、世に残るご自分の者たちを愛し、彼らを極みまで愛された」（13・1）と。ここにも決死の心が表れている。そして、決死の愛、というか、そのようなものが表れています。そして、その愛というのは、まだ自分を理解するに至っていない人々に対する愛であります。「極みまで愛された」と。このヨハネの言葉では、イエスの別れの心が強く表れています。また「世に残るご自分の者たち」と述べ、生き残る弟子たちに対する愛と配慮がにじみ出ています。

ルカに戻りましょう。「あなたがたとこの過越の食事をすることを切に望んでいた」。「切に」。たかが一つの食事。しかしこの食事は特別なものでした。この「切に」という言葉に、この晩餐がイエスにとって非常に大切な事柄である、ということが表れています。そしてそれは、イエスの使命にとってもそうであったし、そのことは神ご自身にとっても大切な食事であった。そしてまた、弟子たちにとっても大切なものであり、さらに言えば、人類にとっても、歴史にとっても、この食卓は特別な重要性を持っているものとなったのです。この食事が、歴史の中で持たれたあらゆる食事の中で最も大切な食事となったのです。

❖神の国が完成するという確信

イエスは続けます。「あなたがたによく言っておく」。これから言うことは非常に重要なことである。「神の国で過越が成就する時までわたしは二度と、この過越の食事をすることはない」(22・16)。この言葉には非常に決然とした響きがあります。何が決然としているか？　「神の国で過越が成就する時まで」。自分の死を前にして、神の国が成就するということについて、ゆるぎない確信、信頼が表れています。自分はもう、ここで行き止まりで、終わりだ、ということを痛いほどに認識している。にもかかわらず。自分が伝えよう、始めようとした、神の国の業というものは、最後にすべての人を取り込んで完成するんだ。これは絶対間違いがない、という信念が表れている。

そして、それと同時に「わたしは二度とこの過越の食事をすることはない」と言うときに、もちろん自分の死が目前にある。しかしまた、この食事自体の重要性をも示している。

別の言葉で言えば、「この食事は神の国が完成するまで、いつも神の国のしるしとして残る食事である」と言っているのです。さらに、「神の生命、神の恵みが、この食事にすべて込められている、そういうような食事である」と言っている。

だから、神の国が来るまで、いわば、この世が完成するまで、完成の途上にあるあらゆる世代の人々にとって、この地上ではこの晩餐が神の国のしるしになり続ける。同じような言葉をもう一度ルカ福音書は語っています。「今からのち、神の国が来るまでは、わたしはぶどうの実から造ったものをいっさい飲まない」（22・18）と。同じ事柄がご自分のこれからたどる運命とない交ぜになってより強く語られています。イエスは、このようにしてこの食事に臨んでいる。

❖イエスの展望の広がり

ここで一回だけ祝われるこの食事。その時にイエスの心境といいますか、そういうものはかなり広やかなものであったのではないかという気がします。

つまり、ある無限の展望というか、そういう、ただ目の前のこと、弟子たちが喧嘩《けんか》していること、自分が捕らえられること、そういうことだけで心がいっぱいになっていた、というよりも、もっと澄んだ領域というものがあったように思うのです。それはいわば、過去、現在、未来に渡るような広い展望というものがイエスの心の中にあったように思われるのです。

過去　神と人との交わりの歴史、特にユダヤ人と神の歴史

この食事自体が過越しの食事であります。過越祭は、神が人と交わりを持った、その交わりの歴史を毎年毎年記念する祝いです。ユダヤ人にとって神との契約の記念でもあります。これまで人類が交わってきた神との歴史。特に、ユダヤ人は選民として、神の救いの働き、人との交わりの体験をし、そして常にその神から脱落し離れていった。そうした神と人との歴史の流れというものを、この過越しの晩餐を食することにおいて、イエスは見ておられたと思うのです。そして、今、この過越しにおいてこうした過去の神との愛の交わり、そして神から離れる歴史、契約を破っていく歴史、そうしたものに全く新しい段階というものを、この晩餐において与えようとしておられる。

現在　自己の運命、闇の力、この時にかけるイエスの思い

そしてイエスはこの現時点、「現在」というものを見つめています。先に述べましたように、そこには決して穏やかな状態があったのではないのです。自分の最も親しい弟子た

ちに見られるように、周りの人間というものは相変わらず頼りない、ゆれ動く存在である。そして、そういった中で自分自身の運命は瀬戸際に立っている。

イエスはこうした「今」という時を見て、人間の弱さとか、悪性とかいうものが、たぶん世の終わりまで変わらず続いていく、人間の条件であろうと見ておられたことでしょう。そして、イエスはそうしたこの世というものを理想化するでもなく、悲観視するでもなく、そのありのままの世の中に、神の真実、神の愛を打ち立てようとしておられる。そして、ちょうどその頼りない弟子たちに、その神の真実のしるしというものを委ねようとしている。ペトロであるか、ヤコブであるか、ヨハネであるか、このような人たちを使徒とし、神の計画の新しい段階の協力者にしようとしている。

未来　自分の十字架、世の終わりに至るまでの人類の歴史、この晩餐の意義

イエスはたぶん未来というものにも無限の目を注がれていたと思います。まずは数時間後に自分が死ぬ、その十字架を見ていたでしょう。しかし、それをも超えて、神の国、それが何であろうと人類すべてに及んでいくんだ、完成に至るんだ、つまりいわば歴史の終わりに至るまでに注がれた目があったのではないでしょうか。そうした中でイエスは神の愛の形見をこの世の中にしっかり「晩餐」という形で残そうとされる。それをイエスはこ

の場で始めておられるのです。

❖イエスの過越しの始まり――全人類の記念として

彼はそれを始めるに当たって、「パンを取り、感謝してこれをさき……」（ルカ22・19）とあります。このような姿を過越しの晩餐において示すのは、そこに集まった中の家長の役割です。つまり、その家の中心的人物です。イエスはそのときパンを取り、祝福して、それを裂いて一人ひとりに食べなさい、と渡します。

その時に、イエスはたぶんそこにいた弟子たちだけではない、いわばこの世に生まれてくる人間、あらゆる人間の家長としての行動を取ったと思います。いわば人間家族全体の長として、イエスはその席に着いておられる。だから、イエスのしていることは、他の宗教家とはやはり違う、質の違うことであると思います。彼は、後でくしくも「すべての人の救い主である」と言われます。すべての人を救う者。彼がパンを取って人に分け与えている時に、それは人類全体の未来をそこに立てようとしているのです。

❖パンに託して自分を与える――死を賭した愛

そして言います。「これは、あなたがたのために与えるわたしのからだである」（同）。

こんなことを言った人は他にはちょっと考えられない。こんな不思議な言葉は他にはあまりない。どんな哲学者も思想家もこんな言葉を言いはしません。イエスは手元に転がっているパン、最も平凡なパンを取って、それにおおよそ考えられない現実を託しているわけです。

「これはわたしのからだである」と。「からだ」といってもただ物理的な、こういう血の通った肉体という意味ではありません。いわば、「これはわたしそのものである」。私の人格である、というか、私そのものである、と。

そしてさらに、その奥にあることは何かといえば、それは「神の生命」そのものです。このキリストは、神の生命と愛とに満たされた方である。神の愛そのものである。「これは私そのものである」と言って、パンを示す。いわばこのしるしを通して私全部をあげます。あなたにあげます。そういうふうなことをした。

で、それも漠然とした行為ではありません。「あなたがたのために与える」(同)――今イエスは自分がすぐに、それも血を流す暴力的な死を身に受けようとしている、ということを知っておられます。そしてその死を、まずはっきりと現実的に受け止めている。そしてそれに意味を与えている。「この死はあなたがたのためのものである」と。一般的に「人すべてのため」というよりも、「私のため、あなたのために死にます」、そういう形で

「私を全部あげます」と。

こういうふうにしてパンを渡し、そのことによってイエスの十字架の死は、福音の中でも最も大切なことになったのです。そして、それを私たちに与えてくださったこの晩餐も、最も大切な事柄になりました。

❖「実体的変化」とは?

こうして「このパンはキリストの体である」と呼ばれるようになりました。それから長い間たって、人々はこれを「ご聖体」と呼び、「聖なる体」と呼ぶようになりました。キリスト教神学などは、これを「実体的変化」といった言葉を使って表現し、ドグマ(教義)としてきました。パンの形態は変わらないけれど、実体がパンからキリストの体に変化すると表現されたのです。これはあまりにも不適当な、というか、不十分な表現であります。まるで化学変化を起こしたような、そういう表現の仕方です。

たとえば、昔の信心深い信者の中には、祭壇の向こうの側でなされていることを見て、「あそこで今、キリストの血に変わった」「キリストの体に変わった」と思い、「何か形も変わったのだろう」と遠い所から見て、思っているような人もあったようです。

しかし、そういう自然現象じゃないんです、これは。もしも、本当にその時にたとえばパンがあって、それが急に百グラムの肉に変わったとすれば、それは非常にびっくり仰天の出来事でしょう。つまり、いわば奇跡かもしれないし、不思議な出来事であります。しかし、そこで起こっていることは、やはり一種の自然現象でしょう。そういうもんじゃない。そういうもんじゃなくて、パンというもの自体が、キリストの働きそのものになっている。キリストの十字架そのものになっている。神さまの愛のいわば証しになっている。愛の言葉そのものになっている。そして、生命そのものになっているのです。あくまでそれはパンの形の中で、そして、それはパンであるから、人間がそれを頂くもの、食べるものとして神の恵みが、キリストのあらゆるものを捨てた私たちへの愛というものが、「頂いてください」という形で与えられているのです。

つまり、このご聖体というのは、神さまがこの世の中にいる人間に具体的な形で、ご自分の愛のしるしを立てられたということです。だから、これは「奇跡的」というよりも「超奇跡的」と言いますか、「超自然的」な出来事であります。神学史上、「キリストが本当に現存するのか」あるいは「象徴的に現存するのか」といった議論が繰り返しなされてきました。でもそんな心配をする必要はありません。現存するに決まっています。キリストご自身が「これはあなたがたのために渡されるわたしの体である」と言っておられるのですから。そんなこと心配する必要はない！　そこにあのキリストが現存する。それは私たちが聖書を通して出会っている、あのキリストであります。

❖キリストの愛の形見は受け継がれる

キリストが行った所では人が癒やされた。悩み、いろいろにこだわりを持ちながら、屈折した人間が、健やかなものにされていった。イエスが行くと、人々は喜んだ。彼に触れているだけで安心することができた。聖書を見ると、イエスと共に食事をした、というようなことが数多く出てきます。十年、二十年、五十年たっても、そうした思い出というのは教会の中でも、喜ばしい思い出として忘れられないものになっていた。

その裏を考えてみるならば、そこにはイエスという方といる、親しく交わるということがどんなに大きな喜びであったか、ということが感じられます。そのイエスがいる。いただけで癒やされる。平和をもたらす。たとえば、いつも繰り返して福音書が述べるあのパンの増加の奇跡。イエスはそこで肉体的にお腹のすいている人たちに、パンを食べさせた。そしてその結果、何千人という人が皆食べて満足した、と書いてあります（マルコ8・1－10他参照）。「皆」と。誰一人外れる者はなかった、みんなが満足した。

こうした生命の働きが今、私たちのためにもあります。私たち自身も飢えを満たします。病から癒やされます。毎日の灰色の生活の中で糧としていただく。

パンを増やした時に、イエスは何も魔術を使うようにしてパンを増やしたわけではない。何とかならないか！　と。この人たちが哀れでならない。そして真剣にこの二つ、三つのパンを手に取り、天を仰ぎ、願って、人々に食べさせた。この晩餐において、イエスはたぶんそれ以上に真剣に自分の生命を捨てる覚悟をして、このパンを与えている。このパンに、あのイエスが現存している。いわば、決死の覚悟で私たちを生かそうとしているイエスが。そしてそれは、生命だけ、生かすことだけ、愛だけのしるしとしての「愛の形見」であります。「愛の現存」であります。

このキリストを私たちは頂くわけです。このことをたぶんその別れの晩餐において弟子たちはよく分からなかったかもしれません。どれほど重大なことをイエスがそこでしようとしていたか、分からなかったかもしれないけれど、忘れなかった。そして、結局、わりと早く、それが重大な意味を持つ、ということを悟った。それが証拠にイエス亡きあと、もう教会の始めからこのことが繰り返されている。彼らは、それが非常に大切なことだということを、たぶん本能的に悟ったのでしょう。だから、イエスの命じるままそれを繰り返した。

こうして、すべての時代、そして今日に至るまで「これ」を繰り返してきたのです。こういう形で、たぶんいわば世の終わりに至るまで続けられるであろうし、キリストはその中で働き続けられるのでしょう。

❖晩餐と十字架は相互に照らし合う

「食事ののち、杯も同じ様にして言われた、『この杯は、あなたがたのために流すわたしの血で立てられる新しい契約である』。」(ルカ22・20)

食事を終えるにあたって、ぶどう酒の杯も「同じ様にして」とあります。そして言います、「これはわたしの血である」。それも一般的に血である、と言っているのではない。あなたがたのために十字架上で流されるわたしの血である、と言っているのです。

具体的にイエスが死ぬ、その死。そしてそれは、あなたがたのために。このような死に方は、他に何の意味も持っていない。あなたがたのためにだけ死ぬのである。そういう形でご自分の苦しみと死を、私たちへの賜り物とされています。

キリストの死の意味を、はっきりと「愛による死」であると宣言しているのは、この晩餐においてなのです。受難に入ったイエスはもう多くを語りはしません。屠所《としょ》に引かれる羊のように。黙々と。彼はその意味を一義的にこの晩餐の場で語っているのです。ですから、キリストの受難の意味は晩餐で明確に示され、その実体は十字架で遂行されているのです。この晩餐は、私たちに対するキリストの一回限りの愛の告白の場なのです。

❖キリストの血による新しい契約

しかし、この杯の言葉には、さらに驚くべき宣言が含まれています。「これは契約の血である」。しかも、「新しい契約」である、と。もちろん、契約といえば、すぐに思い浮かべるのは、シナイ山のモーセの契約であります。出エジプト記の二十四章を見ると、どのようにして契約が結ばれたかが描かれています。

祭壇が築かれ、十二の柱が立てられ、民衆がその前に集まり、雄牛が引いてこられて屠《ほふ》られ、そしてその血が取られて祭壇に注がれ、民に注がれる。そしてモーセは言います。「これは主があなたがたと結ばれる契約の血である」と。この血によって神とこの民族が結ばれると言う。しかし、今神と私たちが結ばれるのは、牛の血によってではなくイエスの血によってです。つまり、イエスは自分の死というものに、今までなかった前代未聞の出来事としての意味を与えています。これは神と人類がもう絶対切り離されることのない形で結ばれる契約である。そして、今行われていることは、その契約の調印式であると。それはその直後に実施に移されるであろう――キリストの受難と死において。そして後々ミサがささげられるごとに、繰り返しこの契約が更新されているわけです。神と私が、キリストの十字架上の体と血によって結ばれる。だから、それを更新するたびに、その食物を食べるたびに、その絆が働くわけです。

「神と結ばれる」ということを、昔から食物を頂くという形を通して実現するということが宗教の世界ではよくあります。シナイの契約においても、契約が結ばれたあと、長老たちは山に上り、神を見ながら、食事をした、と書いてあります。

❖破れることのない永遠の契約

今、私たちはキリストご自身を頂く、食べる、ということを通して神の生命につながっていきます。旧《ふる》い契約は、しばしば人の側から踏みにじられてきました。しかし、キリストによって、神とあらゆる人間が結ばれたこの契約は、もはや何事によっても破られることがありません。何故か？

これは十字架をもって神ご自身が立てた契約だから。十字架をもって、神が自分の絶対変わらない愛を、慈しみを、赦しを、誓った契約だから。なぜ破れることがないかと言えば、もう既に踏みにじられた状態の中で立てられた契約だからです。キリストの十字架は人間の罪の積み重なった表れです。その真ん中で、それをしるしとして立てられた契約だから、これ以上壊れる可能性はないわけです。罪びとと結んだ契約は、それ以上絶対に壊れる可能性がない。

このようにしてイエスは旧い契約の記念、すなわち過越しの祭りを、全く新しい神と人類の連帯の記念に変えてしまったわけです。これがイエスの晩餐であります。

このような思いは、いくらでも、どこまでも深めていくことができます。その意味の深さには底知れないものがあります。これ以降ミサと聖体ということに重点を移して、考察を続けてみたいと思います。

2 「私の記念としてこれを行いなさい」

❖「主の晩餐」（チェナ・ドミニ coena Domini）、「主の日」（ディエス・ドミニカ dies dominica）

パウロおよびルカにおいては、最後の晩餐の記述に「私の記念としてこれを行え」というキリストの命令が書かれています。そこで、教会はその最初からこの晩餐の記念を行い続けました。それも教会そのものをその場で実現する行為として。

パウロは、この晩餐のことを「主の晩餐」（一コリント11・20）という言い方をしています。すなわち、「主」がご自分の命をかけて一世一代催された晩餐だからです。このようにして、この晩餐の記念がキリスト者の集いの中心となったのです。そこで、それを祝う日は「主の日」つまり「主日」と呼ばれるようになりました。

❖神の愛と慈しみの証しとしてのキリストの死

そこで記念されるのは何でしょうか。それは神ご自身の絶対取り消されることのない私たちへの愛です。パウロはローマ人への手紙の中で次のように要約しています。「まだ罪《つみ》人《びと》であった時に、わたしたちのためにキリストが死んでくださったことによって、神はわたしたちに対する愛を示されたのである」（5・8）と。

まず「わたしたちのためにキリストが死んでくださった」。それは何のしるしか。それによって、「神はわたしたちに対する愛を示された」。最終的に「神の愛」の形だから、私たちの態度に左右されません。だから、私たちが「まだ罪人であったときに」と言われています。

「これはあなたがたのために渡されるわたしの体、あなたがたのために流されるわたしの血である」。これはひたすら私たちのためである。だからこの死には、他のどのような理由もない。たとえば、偶然に殺されてしまった、という死でもない。仕方なしに死んだ、という死でもない。あるいは、運命を受け取るために従容として死んだ、というのでもない。「あなたがたのためにだけ死んだ」のだと言われています。

❖神のキリストにおける愛の犠牲は永遠化された

ですから、伝統的には「ミサは犠牲《いけにえ》である」と言われているのです。ただ祭壇で何かを屠る犠牲というようなそういう犠牲ではなく、「愛」による犠牲なのです。「あなたがたのため」あるいはマルコとマタイだと「多くの人のため」（＝すべての人のため）と書いてあります。「愛」というものは、必然的に「犠牲」なのです。自分を殺して人を生かすということですから。この愛の犠牲としてのキリストの業が、ミサにおいて永続化されたのです。だからこのキリストの、また神ご自身の愛が、今この時点でその力を発揮し得るものとなったのです。

だから、伝統的な信心の中で、ミサが祝われるとき、「そこでもう一度カルワリオの十字架が再現されるのである」などと言われることがあります。まあ、ちょっと迷信になりかねない表現ではありますます。しかし、いくばくかの正しさがそこにあると思います。パウロも見たことのないイエスについて、「わたしを愛し、わたしのためにご自身をささげられた」（ガラテヤ2・20）と言っています。あるいはヘブライ人への手紙は、あなたがたが再び堕落するなら「またもや神の御子を、自ら十字架につけて、さらしものにするわけである」（6・6）とまで言っています。

❖私の記念として「これ」を行いなさい

このようにして、主の晩餐の記念が繰り返されます。「私の記念としてこれを行え」と言われています。あくまで「これ」であり、他の何ものでもない。この最後の晩餐でなされたことそのものを後代まで行いなさい、とキリストは言っておられるのです。

この特定の歴史的時点で行われた出来事、これを繰り返せ、と言っている。そして、そうしたところにキリストの救いが現存する、だから教会が現存すると言う。だから、ミサの中心部分では、司祭の言葉に従って晩餐の場が再現されます。それはいつも同じであり、時としてルティーンのように、あるいは惰性的にこれに与ることもあるかと思います。それでも教会は「これ」を繰り返してきたのです。

このことに対して次のことだけ言っておきたいと思います。歴史的な事柄や人物ではなく、単なる理念や思想が人を救うことはできません。自由、博愛、友情といった言葉だけが、生身の人に力を与えることはありません。人を生かし救うのは、常に具体的人物であり、具体的行動なのです。

❖初期の教会で

かつて初期教会での聖餐（ミサ）の習慣について少し調べたことがあります。教会は最初から「主の日」に信者が集まり、この晩餐の記念を執り行いました。今は、「日曜のミサに与る」とか「与らない」といった言い方をします。しかし初期教会において「キリスト信者である」ということと「この集会に集まる」ということとは、ほとんど同義でした。洗礼を受けたのに、この晩餐の記念に与らないなら、信者になった意味が全くないといった感覚です。

なぜそれが日曜日になされたのかと言うと、それが「主の日」であるからでした。週の制度というのは、ユダヤ人が最も早く持っていました。天地創造でも一週間で区分けされていますよね。たぶん紀元前千年くらいから週制度はあったようです。ただ、土星、太陽、月といった星の神の名前を付けることはありませんでした。週の一日目、二日目、三日目……と、そういう言い方しかしていない。名前が付いていない。一個だけ付いているのは「安息日」です。それが七日目です。今で言う土曜日です。

こういう七日間の週の制度があったから、その週制度を取り入れて、今の日、月、火……土というふうに、それぞれの星の神の名前を付けたのです。たぶん紀元後二世紀頃のことでしょう。

それでもまだ土曜日（サトゥルヌスの日）、つまり土星の日くらいしか特別の日はありませんでした。その頃のローマ帝国では、サトゥルヌス祭が最も強かったからです。ユダヤ人にとっても土曜が大切な安息日でした。そうすると日曜日などは、いわば今の月曜感覚であったとすら言えるでしょう。日曜が休日とされたのは太陽神と結びつくミトラ教が強くなった四世紀以降です。にもかかわらず、初期キリスト者は最初から日曜日にミサを祝っていました。それが「主の日」、つまりキリストの復活の日だったからです。

パウロは「あなた方の中で社会的にそれほど優れた人たちは多くない」（一コリ1・26参照）と言っています。奴隷とか身分の低い人、一日中厳しい労働をしなければならない人たちが、いわば〝ブルーマンデー〟の日に、くたくたに働いてから集まった。それに集まらなければ、「クリスチャンになった」と言っても何の意味もないのだ、というくらいに思っていたのでしょう。さらに迫害の時期であって、その集まること自体が、命懸けだったのです。

❖具体的に神の愛を現存させる

ではこのように集まって、いったい何をしたのか。かなりのことがなされています。この晩餐を祝うためのふさわしい準備がなされています。兄弟間に喧嘩や不和があるなら、この記念を祝うことができない。そこで、まず相互の和解がなされました。自分が「申し訳ない」と思うことを互いに謝罪し、仲直りをする。さらに、周りの貧しい人々を招いて、全員が食べるのに十分なほどの食事を提供しました。これは「アガペー」（愛餐）と呼ばれていたようです。そのようなことの後、さらに、お互いに信仰の分かち合いがなされ、こうしてお互いが結ばれ、さらに祈りを共にしたようです。こうしたすべてがなされた後、初めて晩餐の記念がなされたようです。

こういうことは少し形式的になっていますが、今でもミサの中に残っています。たとえば、最初に告白の祈りを唱えたり、共通の関心事を共同祈願で祈ったりといったことです。しかしまあ、当時まだ休みの日でもなかった夜に集まって、これだけのことをしたわけです。当時の信者は、この主の晩餐から遠ざかり始めたら、信仰というもの自体の意味がなくなってしまうのだ、というくらいに考えていたのでしょう。

このようにして今日に至るまで、キリストの体と血の記念が行われ、その中で神の恵みそのものが最も具体的・感覚的に現存しているのです。そこでは「食べる」という形で聖体に与ります。この聖体は聖櫃《せいひつ》という箱に保管されます。人はその空間の前で祈ります。このような形でキリストの十字架の恵みに与るのです。

だからパウロはこう言います。「あなたがたはこのパンを食べ、この杯を飲むごとに、主が来られるときまで、主の死を告げ知らせるのです」（一コリント11・26）と。「食べ、飲むごとに」、つまりこれを繰り返すたびに。それは「主が来られる時まで」、いわば世の終わりに至るまで。この間はずっとそれをするごとに何を記念するのか。ミサ典文は次のように述べています。「主の死を思い、復活をたたえよう、主が来られるまで」。今日もまた世界中で主の晩餐が記念されています。

❖交わりと一致の秘跡――キリストとの交わり、教会の交わり

ミサは交わりの場でもあります。そこではキリストと交わる。キリストと交わるから、お互いにも交わる。ですから、この祭儀では、非常に人格的にキリストと結ばれ、それ故にお互いと結ばれます。ですから決して個人的な祭儀ではありません。共同体の祝いです。聖体を食べることによって、キリスト自身に組み込まれていく。食べることによってお互いが結ばれる。

だからパウロは、同じコリント人への第一の手紙でこう言っています。「わたしたちが祝福する祝福の杯、それはキリストの血の交わりではないか。わたしたちがさくパン、それはキリストのからだの交わりではないか」（10・16－17）。わたしたちは「キリストのか

らだ」になる。そしてさらに言います。キリストと一つになるだけでなく、「パンは一つであるから、わたしたちは多くいても、一つのからだなのである。みんなの者が一つのパンを共にいただくからである」（10・17）と。聖体の秘跡は一致の秘跡です。皆を集め、皆を一つに結ぶ、そのような秘跡です。

パウロは「キリストにおいて、ユダヤ人もギリシア人もない。男も女もない。奴隷も自由人もない」としばしば述べています。ミサは、どのような人をも排除しません。教会がキリストの名においてミサを行う所には、ありとあらゆる人が来ます。大人も来るし、子供も来る。熱心な人もいれば、怠け者もいます。強い人も来れば、弱い人も来る。いろいろ心に悩みを持って苦しんでいる人もいれば、無気力になってしまったような人も来る。疲れ果てた人もいるし、横で喜んでいる人もいる。ある人は後ろめたい気持ちで来ているだろうし、何か聖堂の入り口辺りのところに立って与っている人もいる。

そうした人すべての人のためにあるもの、そして皆を一つにするもの、それがミサというものです。そうした人すべてを祝福するもの。すべてを優しく包み込むもの。だからこの集いにおいては、力が誇示されるということは絶対にありません。それが、争いや闘争の場になってはなりません。

何かの組合がデモをするとき、みんな拳を振り上げて、そこに一つの一致団結が生まれます。ミサはそのような場ではありません。あるいは、ある種のモラリストたちが、生活改善を志し、ある種の道徳主義で一致しようとする、そういったものでもありません。この集まりは、愛によって一つに結ばれているのです。いわば「神の情け」によって、皆が吸い寄せられている場なのです。

「すべて重荷を負うて苦労している者は、わたしのもとにきなさい。あなたがたを休ませてあげよう。わたしは柔和で心のへりくだった者である」（マタイ11・28－29）。ミサはこのようなキリストと一つとなる場であります。そこではそのようなキリストの力や恵みが、あらゆる人を分け隔てし、切り離すさまざまな要素よりも、より強く働き一致へと促すのです。

相変わらず、人には考えの違いというものがあります。立場の違いもあれば、信念の違いもある。それだけではない。感覚的にも嫌悪感を覚えるという場合もあるかもしれないし、尊敬というよりはむしろ軽蔑の気持ちが先立つということもあるかもしれません。しかし、そうしたことすべてよりも、「キリストの思い」がもっと強く、私たちを一致させるのです。

パウロは、「ギリシア人もユダヤ人もない、男も女もない」と言いますが、ギリシア人はギリシア人、男は男、女は女であるという現実が変わるわけではありません。それでもそれらを越えて一つにするほどの、もっと強い力がそこに働いているのです。

このようにして、その場でキリストの体が建てられる。教会が建てられる。キリスト自身が最も根本的な意味で実現する場、それがミサなのであります。

❖「感謝」の祭儀（エウカリスティア eucharistia）

ミサは晩餐の記念でありますが、昔からエウカリスティアと呼ばれています。だから、しばしば「感謝の祭儀」という言い方をします。エウカリスティアとは「感謝」という意味だからです。キリストが、私たちのためにしてくださったことを、今想起しながら、神の恵みに与り、それを感謝する集まりなのです。

このミサという教会の中心的集いは、キリスト教徒を越えてすべての人々にとっての神の救いの見えるしるしとなって現れます。第二バチカン公会議の文書『教会憲章』は、その冒頭で「キリストは諸民族の光である」と述べ、さらに続けて「教会はキリストにおけるいわば秘跡、すなわち神との親密な交わりと全人類一致のしるしであり道具である」と語っています。もし教会がすべての人の救いのしるしだとすれば、教会の中心的秘跡であるミサこそ、すべての人々にとっての神の救いの見えるしるしであると言えるでしょう。

この「しるし」はどんなものでもよい、何かのシンボルでもよいといったものではありません。イエスが裏切られる夜、決死の覚悟をもって催した食事、それ以外のしるしではありえません。

3　ミサの構造を見る

今、より具体的にミサの内容と構造を検討してみましょう。

❖二つの食卓

ミサでは「二つの食卓によって養われる」という言い方がされます。「み言葉の食卓」と「聖体の食卓」の二つです。ですからミサは主として「み言葉の祭儀」と「聖体の祭儀」とによって構成されます。

まず準備の祈りから始まります。いつも同じですが、まずは自分から出発します。各自、自己をふり返り罪の「告白の祈り」を唱えます。その後、神に心を上げて賛美の祈り（「グローリア」＝「栄光の賛歌」）を唱えます。こうして心構えが整って後、初めて「集会祈願」、つまりその場に集まった者全員の最初の祈願文が、司祭によって唱えられます。そこで、やっと「み言葉の祭儀」に移ります。

聖書朗読では日曜日の場合、旧約聖書・使徒書（福音書以外の新約箇所）・福音書の三つが読まれます。通常それに続き、「説教」があります。説教は司祭が会衆に言いたいことを言えばよいといったものではありません。朗読されたみ言葉が会衆にまで届くための橋渡しをするのが説教の役割です。その後信仰の要諦をまとめた祈り「信仰宣言」（クレド）を全員で唱え、さらに時々の関心事に沿って幾つかの祈願を全員で唱えます（「共同祈願」）。ここで「み言葉の祭儀」は終わります。

「聖体祭儀」は、「奉納」から始まります。司祭はパンとぶどう酒をささげて、「大地の恵み、労働の実り」と唱えます。つまり、自分自身の日々の生活、この地で生きている命をささげ、やがてその同じささげたもの、つまりパンとぶどう酒を、今度はご聖体として返していただくことになります。奉納は「奉納祈願」をもって終わります。

晩餐の記念を行う前に「叙唱」が唱えられます。叙唱では神とキリストの救いの業が賛美され、最後は「聖なるかな、聖なるかな、聖なるかな」（「サンクトゥス」）という唱和で閉じられます。これに続き、晩餐の記念が行われます。ほとんど福音書にあるとおりの言葉を司祭が唱え、最後の晩餐が再現されます。その後、すべての人々、つまり死んだ人々、今生きている人々、そしてミサに与る自分たちのために祈ります。その際、聖母マリアを初め、各時代の聖人に呼びかけ、特に現教皇そして当該教区の司教については名前を挙げて彼らのために祈ります。

その後「聖体拝領」の部に入ります。まず準備として「主の祈り」が唱えられ、平和を求める祈りの後、会衆は相互に「平和の挨拶」を交わします。このような準備を経て、「聖体拝領」に入ります。まず司祭が自ら聖体を頂き、その後司祭ないし聖体奉仕者の手によって信者に聖体が配られます。

聖体拝領後、「拝領祈願」が唱えられ、最後に司祭の会衆に対する十字架の祝福をもってミサが終わります。かつてラテン語で最後に「イテ・ミサ・エスト」（"Ite missa est"）（「行け、あなたがたは遣わされている」）と司祭が呼びかけたところから、ミサ（missa）

という言葉ができてきました。

❖ふさわしい典礼を求めて

以上述べたミサの構造は、基本的には変わらないでしょう。しかし、これまで考えてきた最後の晩餐のとてつもない意味を考えるなら、できるだけそれを感じ取れる祝い方、それにふさわしい記念の仕方を心がけるべきでしょう。第二バチカン公会議の一つの大きな成果は、典礼の改革と刷新でした。典礼の刷新の試みは今も続いています。

聖堂そのものの形を工夫する。たとえば、どういうふうに祭壇を置くのか、あるいは参加者はどういう形でその祭壇を囲むのか。さらにはどういう聖歌が歌われるのか、どんな説教がされるべきなのか。あるいは場合によって、「奉献文」（ミサ典文）も、今まであったものだけでなく、私たちの時代に合った新しい奉献文が生まれてくるかもしれません。公会議以降、典礼の刷新は各国で今も続いています。日本の場合、まだまだ十分ではないように思います。

この教会では、フォークミサという若者が現代的楽器を用いて演出する、勢いのあるミサを日曜の夕方にやってきました。その見直しの相談がこの間もたれましたが、このようなフォークミサは、やはり若者たちによって一生懸命準備されていて、心がこもっています。ある人はうるさくって「嫌だ」という人もいるかもしれません。たぶん典礼はこれからもっと多様化されていっていいのではないでしょうか。子供のためのミサなどは、ずいぶん前から行われています。

ただ、いつも基準となることは、これがキリストの愛と死を偲ぶものであること。自分の感謝が表れるものであること。特別の喜びがそこに表されるものであること。一致・交わりが生まれるものであること。そうしたことが根本です。

4 聖体と共に生きる

最後にミサから聖体そのものに話を移したいと思います。

❖天からの命のパン

ヨハネ福音書ではキリストが、「わたしは天から降ってきた生きたパンである」(6・51)と言っておられます。生きたパン、命のパン、それがキリストである、と。

「パン」とは、それなくして生命を保つことができないものを意味します。私たちが三度三度食べなければいけないもの、それをパンと呼んでいます。一度抜かしてもそれほど気にならない。しかし、なんとなく体が弱ったような感じがする。三日抜かすと相当動きが鈍くなる。そういうものがパンであります。生きていくときに必要なものです。

そういうものとして、「わたしはパンである」と言う。この世に命を与えるパンである、と言っています。それなくしては、今の世を生き長らえることが難しい。本当に人間らしい命を生きることは難しい。そんなパンである、とイエスは言っておられるのです。

「天から降ってきた命のパン」。あくまでこの世を生かすパンであるにもかかわらず、この世からのものではない。この世のパンとは、人間にとっての生活必需品、職業などによる社会の中での自分の位置づけ、余暇などの精神的余裕、さらには人間としての自負と栄誉といったものでしょう。そうしたもの、自分を満たすように思われるもの、そういうものとは全然違うパンである。

❖不死のパン

しかし、この世のためのパンである。そうキリストは自分のことを言っておられます。生にとって必要なものだ、と。

「あなたたちの先祖は荒れ野でマンナを食べたが、死んでしまった」（ヨハネ6・49）と彼は言います。あの時、乾いた砂漠を彷徨する民族にとって、何も食べる物が無かった。毎日必要なパンが無かった。無い時に、天から降ってくるもので生きるようになった。そのような状況、それはやはり今もある。私たちは天からのパン、それを食べる必要がある。

「わたしは、天から降ってきた生きたパンである。それを食べる者は、いつまでも生きるであろう」（同6・51）。だからこの聖体は「天のマンナ」と呼ばれるようになりました。

このキリストによってこの世で生き始めた、このパンを頂いて生き始めた者は死なない。この命は神の命であるから死ぬはずがない。「死ぬはずがないと言ったって、死ぬでしょう！」と言われるかもしれません。それは人ですから死にます。だから、ヨハネ福音書の他の箇所では、「わたしを信じる者は、たとえ死んでも生きる」（同11・25）と言っておられます。この世での生は尽きるかもしれません。しかし、キリストを信じ始めて与えられた命自体は、死線を越えて生き続ける。だから教会は人が洗礼を受けるとき、「永遠の命への誕生」と言っているのです。

❖旅人の糧——歴史を通して、人生を通して、日常を通して

キリストは事実、パンとなって私たちの糧となろうと言われます。だから、このパン、

つまり聖体は、「旅人の糧である」とも言われるようになりました。

昔からのラテン語聖歌で、「オー・エスカ・ヴィアトールム」（“O esca viatorum”）で始まる美しい聖体賛歌があります。その意味は、「旅人たちの食物である方よ」です。

この歴史を通して人は「旅人」です。キリスト以来、歴史のどの時期にも、どの文化にも、あるいは戦争の時にも平和な時にも、どこにも伴ってくる糧です。

そして、一人の人間の中でも、生まれてから死ぬまで。人間はいわばあらゆる状況を通り抜けていく旅人です。巡礼者であると言ってもいい。最終的に天に向けての巡礼なのでしょう。それは巡礼であるから、つまり旅であるから、山あり谷あり、調子のいい時もあるし、うまくいかない時もある。恐れたり不安におののく時もある。止めてしまおうかと思う時もある。退屈する時もある。そうしたことすべてに伴う糧なのです。

そういう旅路にある限り、頂くパンなのです。だからこそ毎日毎日のパン、いわば日常的な糧でもあります。毎日毎日キリストと結ばれて歩む。毎日がお祭りではないから、いつも興奮して生きているわけでもないから、毎日の食事のように淡々として食べる。そういう糧でもある。平凡さの中に生きる糧でもあると思うのです。

❖キリストの秘跡的現存と霊的現存の関係

さて、このご聖体を頂くと、口の中で溶けてなくなります。ミサで聖体を受けた時、あるいは一時間以内だけのことなのだろうか。その場限りのことなのだろうか。

パウロならこう言うでしょう。「あなたがたは、自分のからだがキリストの肢体であることを、知らないのか」（一コリント6・15）と。聖体が溶けようがなくなろうが、相変わらず自分はキリストの体の一部分である。キリストと一体であるわけです。つまり、私たちは何もご聖体を頂かなくたって、自分の存在のあらゆる次元でキリストと共にあるわけです。

だから、聖体におけるキリストの現存を「秘跡的現存」と呼び、他の現存を「霊的現存」と呼んで区別することもあります。この二つは、互いに支え合うことなのだと思います。もし、通常、本当にキリストの肢体として一つになっていないならば、聖体を受けてもあまり意味がないだろうし、生活の中でキリストと一つになっているならば、聖体はその完成として意味を持ってくるのだと思います。お互いが支え合う。

このことは聖書自体にも表されているように思います。他の三つの福音書は最後の晩餐の場で聖体の制定を描いていますが、ヨハネ福音書だけはそれを描いていません。ヨハネが聖体を大切にしていたことは、福音書の六章を見れば明白です。にもかかわらず、ヨハネは最後の晩餐の場で、聖体の秘跡の代わりに、イエスが弟子たちの足を洗うという出来事を描いています。ヨハネ福音書は、聖体の秘跡におけるキリストの現存と全く同じことが、人が他人の足を洗うことによって実現するのだ、と言おうとしているのではないでしょうか。

弟子たちの足は、どろどろの汚い臭いにおいのする足であった。それを先生が洗う、ということはやはりかなりの抵抗がある。だから、その行為は、いわばキリストが説いた愛と十字架の行為の表れだったのだと思います。ペトロは、「わたしの足を決して洗わないでください」（ヨハネ13・8）と言います。そうすると、イエスは言うんですね。「もしわたしがあなたの足を洗わないなら、あなたはわたしとなんの係わりもなくなる」（同）と。なぜ何の関係もなくなってしまうのでしょう？　キリストと一つになれない。キリストの現存を受けられないのだ、と言われる。人の足を洗うような、そういう愛という生き方をお互いにしないという方針で生きるならば、わたしもそこに現存できない、ということなのでしょう。

だから、それは聖体における現存と、いわば生かし合う関係にあります。私たちの生活に照らして言えば、ミサを中心とした教会生活と自分の現実生活がある日常との関係と言えるかもしれません。ミサを中心にして日々を忠実に生きる、それがキリスト者の生き方である、ということになるのではないでしょうか。

たとえば、ここ四ツ谷の聖イグナチオ教会では、昼のミサや夕方六時のミサに平日でも、たくさんの方がいらっしゃいます。それが一つの習慣になっているとすれば、その人にとってこの平日のミサは、自分の一日の中のピークであり、同時に一日の生活全体を生かすものであると言えるでしょう。別に毎日ミサに与らなければいけないというものでもありません。日曜日のミサにしても同じような意味を持っているからです。

❖聖体の信心について

最後に聖体についてのさまざまな信心について述べておきたいと思います。聖体は、ミサと切り離されてさまざまな信心を生んできました。具体的には、聖体訪問、聖体礼拝、聖体賛美式、聖体行列、聖体大会といったものです。近年、聖体はまず第一に最後の晩餐の記念であるという自覚が強くなるに従って、これらの信心は一時よりも下火になってきました。しかし、こうした聖体に対する信心は、形が変わるということはあっても、それ自体間違ったものではありません。

もともと「食せよ」と言って、イエスご自身が立てられた聖体というしるし、その奥に示されている神ご自身の慈しみ・情けのしるし。そこには最終的に神の御子の受肉の秘義が示されています。

「キリストは、神のかたちであられたが、神と等しくあることを固守すべき事とは思わず、かえって、おのれをむなしうして僕《しもべ》のかたちをとり、人間の姿になられた。その有様は人と異ならず、おのれを低くして、死に至るまで、しかも十字架の死に至るまで従順であられた」（フィリピ2・6－8）。

このようなキリストが私たちのために愛の形見としてこのパンを残された。それならば、ただ食べるだけではない。触る、見る、拝む、憧れる（一ヨハネ1・1参照）。それが御子が残してくださったものに対する人の心だと思うのです。そしてそのような個々の信心の行為が、まさに私たちが生きる糧となっているのです。

考えてみてください。誰かが一人でチャペルの中で祈る。聖体ランプが点《つ》いている。その静けさの中で、心を込めてその聖櫃に向かう時に、やはり他では得られない深みをもって、その人は養われていますね。

聖体に対する信心が、時として迷信的なものになることもあります。しかし、同時に聖体は、神がキリストを通してこの世に残された「しるし」であります。非常に具体的で感覚的なこの「愛の形見」を、さまざまな形で大切にする信心は決しておろそかにすべきではありません。

聖書の引用は、第二部・各説教の冒頭の引用は日本聖書協会発行の『聖書　新共同訳』（二〇一五年版）を、また本文中は基本的に日本聖書協会発行の『聖書』（旧約－一九五五年改訳、新約－一九五四年改訳）を使用させていただきました。場合によっては、部分的に著者の試訳になっていることをお断りします。

第三部・講話の「キリスト者であること——洗礼と堅信」と「神の愛と罪——ゆるしの秘跡」の初出は、『いのちへの招き——確かな生き方のために』（海竜社、一九九五年）です。

岩島忠彦（いわしま　ただひこ）

イエズス会司祭。1943年兵庫県生まれ。1964年イエズス会入会。1975年司祭叙階。1982年ドイツ・ミュンスター大学で神学博士号取得。1983年から2014年まで、上智大学神学部で教鞭をとる（組織神学担当）。同学部長、教皇庁国際神学者委員会委員を歴任。1998年から日本カトリック神学会幹事、上智大学神学研究科委員長歴任。2014年４月、上智大学名誉教授に。大学退職後、日本カトリック神学院講師（教会論担当）。聖イグナチオ教会での信仰講座を担当（入門講座・信徒講座）し、黙想指導ほか広く福音宣教に従事しながら現在にいたる。著書に『キリストの教会を問う―現代カトリック教会論』（サンパウロ）、『キリスト教についての21章』（女子パウロ会）、『イエス・キリストの履歴』（オリエンス宗教研究所）、『イエスとその福音』（教友社）ほかがある。

キリストへの道

著　　者　岩島忠彦
発 行 所　女子パウロ会
代 表 者　松岡陽子
〒107-0052 東京都港区赤坂8-12-42
TEL.(03)3479-3943 FAX.(03)3479-3944
webサイト http://www.pauline.or.jp
印 刷 所　株式会社工友会印刷所
初版発行　2017年 2 月25日

ISBN978-4-7896-0782-7 C0016 NDC 194 19cm